Esto es OpenSCAD

ISBN : 979-10-982917-1-5
Publicado en febrero 2026

Roberto Hamm
9, rue du Portail
34560 Montbazin, France
roberto.hamm@sfr.fr
https://robotix-ah-oui.org

Esto es OpenSCAD

OpenSCAD le da las palabras
¡Para "escribir" el objeto de su imaginación!

Roberto Hamm

Contenido

II - Logiciels associés

III - Anexos

Introducción

OpenSCAD le da las palabras
¡Para "escribir" el objeto de su imaginación!

OpenSCAD es un software de modelado 3D basado en texto. Permite diseñar formas escribiendo código, lo que le da, como diseñador, un control total sobre el objeto que está creando. De este modo, podrá fijar directamente no solo las dimensiones, sino también la posición espacial de los objetos a medida que avanza en su proceso creativo. Definirá valores según los tres parámetros básicos de cualquier objeto 3D: su ancho, así como su profundidad y altura.
Puede que le sorprenda descubrir que programar no es una dificultad, sino, por el contrario, una facilidad, porque utiliza un lenguaje "humano", con palabras como cubo, cilindro, esfera, etc., definidas únicamente por sus dimensiones. El código le permite describir el objeto que tiene en mente de una forma completamente inteligible.
Los diseñadores de OpenSCAD expresan, en su página web, su intención de proponer un lenguaje de programación descriptivo, donde instrucciones y comandos del lenguaje cotidiano permiten dar forma a los objetos. El propósito de este manual es familiarizarle rápidamente con el lenguaje de OpenSCAD.
No necesitará ningún conocimiento de programación informática. Le daremos ejemplos sencillos de código que puede copiar y modificar, cambiando las dimensiones para observar los resultados.

Un gran agradecimiento a los creadores de OpenSCAD, Marius Kintel y Claire Wolf, que desarrollaron este valioso software y que siguen perfeccionándolo desde 2010. Fue presentado en su versión estable en 2021.

Seguro que se va a divertir…

Y aquí está ¡OpenSCAD!

Este libro está dirigido a cualquiera que quiera crear objetos para imprimir con impresoras 3D. La oferta de impresoras de buena calidad inundó los mercados online y los precios se volvieron muy razonables. Como resultado, tanto aficionados como profesionales han mostrado un creciente interés por el modelado y prototipado 3D.

A diferencia de otros programas de modelado donde los objetos se manipulan trazándolos en la pantalla con un ratón, OpenSCAD se basa en la codificación, con scripts, escrita en un lenguaje descriptivo. Esto permite la creación de modelos y prototipos precisos, especialmente para piezas mecánicas complejas para impresión 3D.

Descubriendo OpenSCAD
Para empezar, describiremos la interfaz intuitiva, que permite introducir código y visualizar los resultados desde diferentes perspectivas. A continuación, presentaremos las instrucciones y comandos que permiten definir con precisión los objetos. Estos siempre irán acompañados de breves ejemplos de código. También presentaremos los módulos para organizar el código en bloques distintos y estructurar mejor los componentes de la creación.

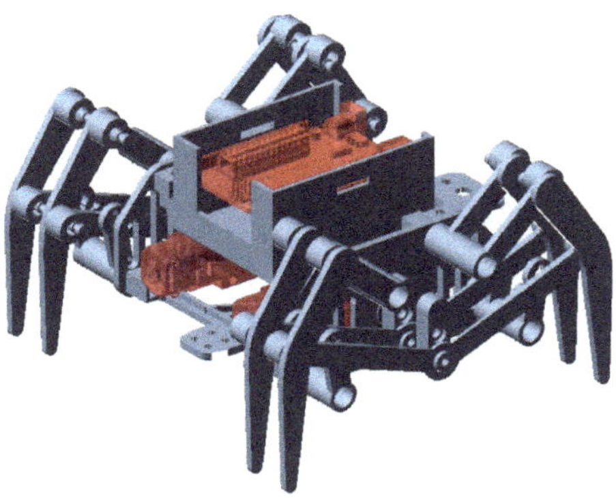

Nota: *Para evitar copiar las líneas de código más largas de este libro, puede descargarlas desde:*
https://robotix.ah-oui.org/openscad

Software relacionado
En la segunda parte de este libro presentamos varios programas relacionados con el proceso de diseño, útiles para la creación o necesarios para la impresión 3D. OpenSCAD está muy bien documentado y, en el apéndice de este libro, hemos incluido una lista de sitios web para consultar, comenzando por los sitios oficiales del equipo que lo mantiene.
De acuerdo con la filosofía de OpenSCAD y con los principios del software libre y de código abierto, nos mantenemos fieles a los criterios del Open Source para todo el software presentado en este libro. Según estos criterios, todos los programas seleccionados están disponibles para las plataformas MS Windows, macOS y Linux.

Para la descarga e instalación de OpenSCAD, visite el sitio web oficial:

https://openscad.org/downloads.html

Aquí podrá descargar la versión compatible con su sistema.
La instalación es muy sencilla y está bien explicada paso a paso, accesible para cualquier usuario.

El editor OpenSCAD

El editor OpenSCAD, o IDE (Integrated Development Environment), es extremadamente intuitivo gracias a su simplicidad y a los iconos que dan acceso a sus funciones principales.

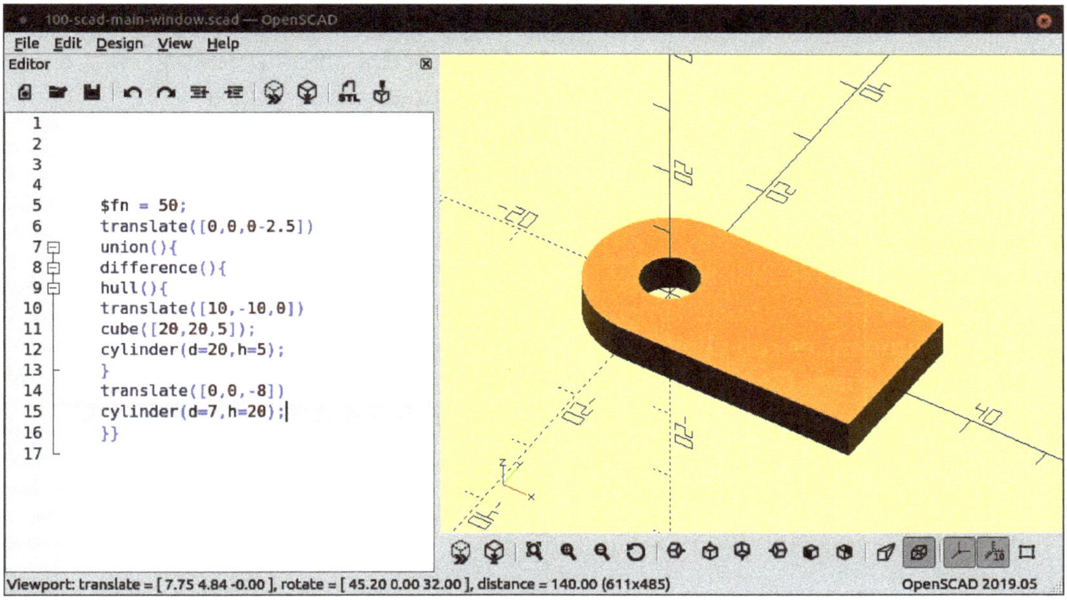

Tiene solo cinco menús: *File, Edit, Design, View* y *Help*. Estos menús contienen comandos accesibles mediante los iconos en la ventana principal, y su uso se explica en detalle en la página siguiente.
El menú *Help* proporciona acceso directo, a través de su navegador web, al sitio web oficial de la aplicación ("*Homepage*") y a una página de Documentación con amplia información sobre el lenguaje OpenSCAD. También encontrará la "*Cheatsheet*" (hoja de recordatorio), que ofrece explicaciones detalladas y ejemplos, a la que puede acceder haciendo clic en los nombres de las instrucciones mediante enlaces directos a las páginas correspondientes del manual oficial.

La interfaz de usuario de OpenSCAD consta de tres partes:

El editor de texto
Esta es la zona de redacción del código. Todo error de código está señalado. Eventuales errores son indicados en la ventana de la consola.

Ventana de visualización
Visualice el modelo 3D resultante pulsando F5 o los iconos (ver imagen) **G, H, I, J, K** y **L,** que muestran el objeto desde diferentes ángulos. Compilar el archivo STL pulsando F6. F7 lo guarda. El icono **P** alterna los ejes de coordenadas. **Q** muestra el contorno de la malla del objeto.

Ventana de la consola
Ubicada debajo de la ventana de visualización, muestra el resultado de la compilación y del renderizado STL, describe los pasos del proceso e indica los motivos de cualquier error de entrada o de compilación.

Herramientas
1. Abrir un documento nuevo
2. Abrir un documento existente
3. Guardar el documento actual
4. Deshacer la última acción
5. Rehacer la acción deshecha
6. Alinear todo a la izquierda
7. Crear sangría
8. Vista previa
9. Crear el archivo STL
10. Guardar el archivo STL
11. Iniciar impresión

A. Crear el archivo STL
B. Guardar el archivo STL
C. Vista previa del script
D. Acercar
E. Alejar
F. Vista general 3D
L. Diferentes ángulos de visión
M. Perspectiva
N. Vista ortogonal
O. Ocultar las coordenadas
P. Mostrar las coordenadas
Q. Vista de mallaje

La gramática de OpenSCAD

Como en todos los lenguajes, es fundamental seguir la sintaxis correcta del código. Pero no se preocupe: incluso el más mínimo error se detecta de inmediato. El lenguaje OpenSCAD utiliza caracteres no alfabéticos cruciales para su correcto funcionamiento. Estos incluyen, paréntesis, corchetes y llaves:

```
( ) [ ] { } , ;
```

Las comas separan los indicadores de los valores X, Y y Z, y el punto y coma marca el final de una instrucción.

Es fundamental que todas las instrucciones y comandos de OpenSCAD se escriban en minúsculas y se pueden escribirse una por línea o más. Una instrucción larga se puede colocar en una nueva línea, por ejemplo, después de una coma. Es importante que los paréntesis, corchetes, llaves y signos de puntuación estén siempre correctamente colocados. Encontrará enlaces útiles a sitios de ayuda e información de OpenSCAD en el apéndice.

Los símbolos que se describen a continuación, siempre colocados antes de un comando o instrucción, permiten modificar su visualización. Son especialmente útiles para detectar errores o visualizar ciertos elementos de una forma específica:

* desactiva la visualización
! muestra solo este elemento
resaltar / depurar
% transparencia / plano posterior

El símbolo almohadilla "#" es especialmente útil para identificar ciertos pasajes en el código, especialmente al buscar errores que puedan haberse introducido.

Para identificar paréntesis, corchetes o llaves de apertura y cierre, simplemente seleccione uno de estos símbolos: el símbolo correspondiente será indicado.

Si falta el carácter correspondiente, un símbolo "*no correspondiente*" será indicado, lo que por su posición permitirá identificar rápidamente el error.

Es cierto que los pequeños errores a veces pueden ser frustrantes, pero gracias a estas herramientas, OpenSCAD simplifica considerablemente la depuración.

También se puede incluir comentarios en el código sin que afecten a la ejecución del programa.
Estos "comentarios" se escriben de la siguiente manera:

```
// al principio de una sola línea
/* en varias líneas,
   o deben marcar el principio
   y el final
   */
```

Las líneas asi delimtadas, no afectan la interpretación del código por parte del compilador.

Nuestro entorno

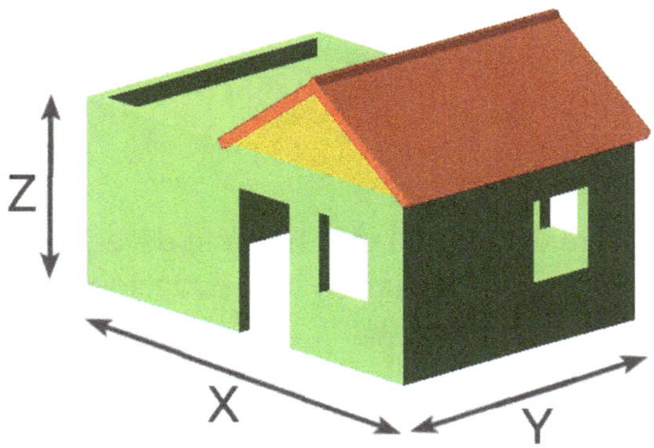

Cuando extendemos los brazos a los lados del cuerpo, expresamos el ancho, señalando con la mano hacia adelante, indicamos la profundidad y al mirar al cielo, nos damos cuenta de la altura. Así, al definir el entorno que nos rodea, al mismo tiempo designamos el espacio ocupado por los objetos.

OpenSCAD es un lenguaje para definir objetos. Es muy sencillo de comprender, porque todo se expresa en referencia a las tres dimensiones del entorno en el que evolucionamos: lo ancho, que de ahora en adelante designaremos con la letra **X**; la profundidad, representada por **Y**; y la altura, simbolizada por **Z**.

La mayoría de las instrucciones o comandos en el lenguaje OpenSCAD se refieren directamente a nuestros parámetros X, Y y Z. Por esta razón, decimos que OpenSCAD es un programa de modelización paramétrica.

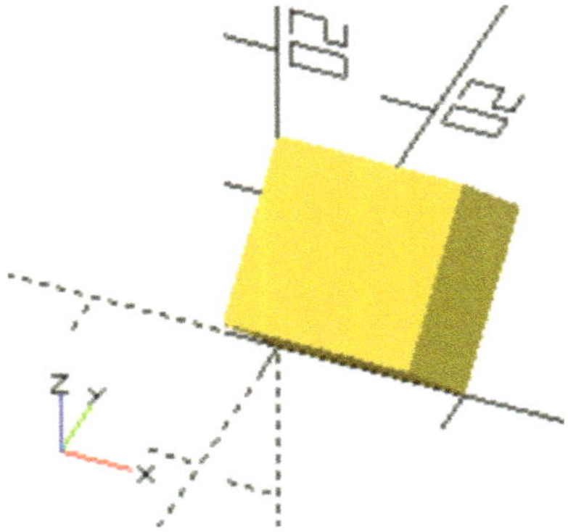

Rotación alrededor del

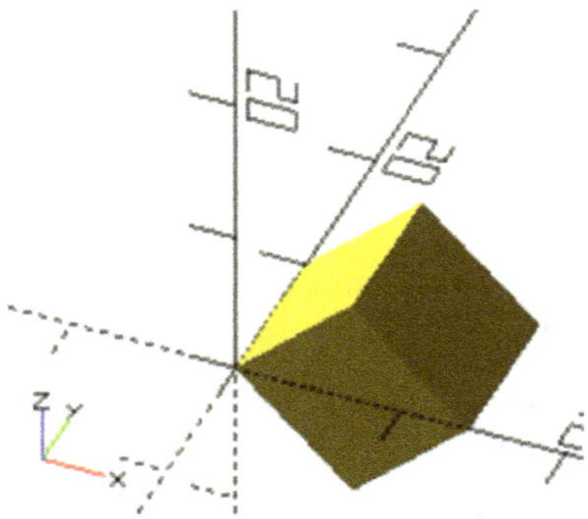

Rotación alrededor del eje "Y".

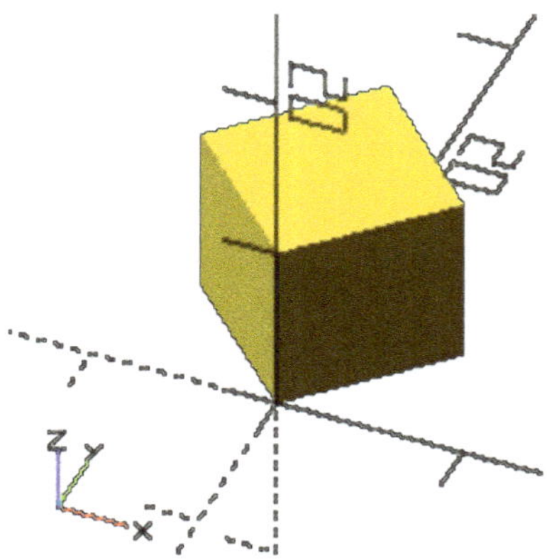

Rotación alrededor del eje "Z".

Tomemos por ejemplo el comando "***cube***":

```
cube([12,12,12]);
```

Nos construirá un cubo de 12 mm a cada lado. Entonces, si precedemos este comando con la instrucción "***translate***":

```
translate([20,0,0])
cube([12,12,12]);
```

Moverá el cubo 20 mm hacia la derecha. Finalmente, añadiendo la instrucción "***rotate***" como sigue:

```
translate([20,0,0])
rotate([0,45,0])
cube([12,12,12]);
```

El cubo girará 45° alrededor del eje Y.

Nota: *En adelante indicaremos cada primera mención de un comando o una instrucción en este libro en negrita, tal como se presenta en el texto más arriba.*

Comandos básicos

Hablando de la gramática del lenguaje OpenSCAD, hemos empezado a referirnos a un objeto cúbico como dependiente de los valores que damos a los ejes X, Y y Z en el comando "*cube*", que define su forma.

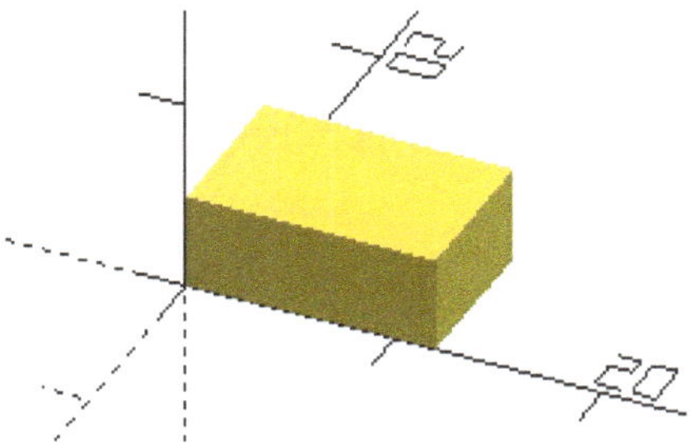

```
cube([10,5,12]);
```

Volvamos a un cubo real de 10 mm de lado que podemos centrar en el sistema de coordenadas de OpenSCAD añadiendo la instrucción "*center=true*":

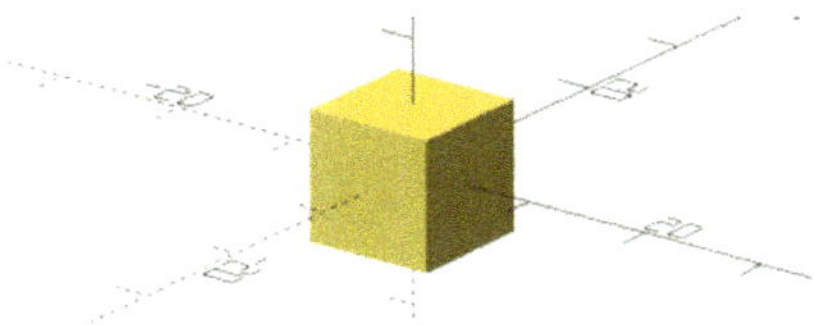

```
cube([10,10,10],center=true);
```

Y para ubicar mejor otros objetos en relación con este cubo, coloquemos por ejemplo una esfera de 5 mm de radio cuyo centro se encuentra a -20 mm, a la izquierda del centro del comando "*cube*":

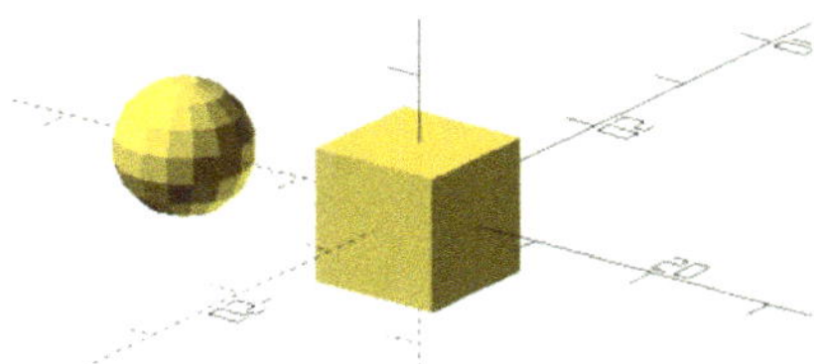

```
cube([10,10,10],center=true);
translate([-20,0,0])
sphere(5);
```

Luego otra a 20mm a su derecha:

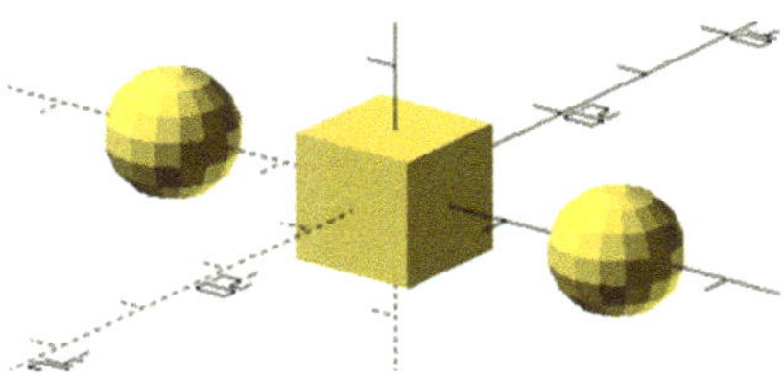

```
cube([10,10,10],center=true);
translate([20,0,0])
sphere(5);
translate([-20,0,0])
sphere(5);
```

Hasta ahora todo va bien, pero ¿por qué la esfera presenta una superficie tan fragmentada?
Respuesta: se trata de la resolución de superficies no planas. En este caso, la resolución es demasiado baja.
Para corregirlo, utilizamos una "*variable especial*" llamada "***$fn***".

Para "aumentar la resolución" de nuestra esfera, la precedemos con la variable "*$fn*" seguida de un valor más alto:

```
$fn = 60;
sphere(5);
```

Para la esfera a nuestra izquierda, la variable "*$fn*" es de 5 para la primera, 16 (valor predeterminado) para la segunda y 60 para la última, que se muestra aquí con una buena resolución.

La resolución obtenida con el valor de "*$fn*" se refleja, por supuesto, en la pieza durante la impresión. Sin embargo, conviene evitar valores demasiado altos (en general, superiores a 120), ya que requieren más memoria y, por lo tanto, más tiempo de cálculo por parte del ordenador...
Volveremos sobre este tema más adelante.

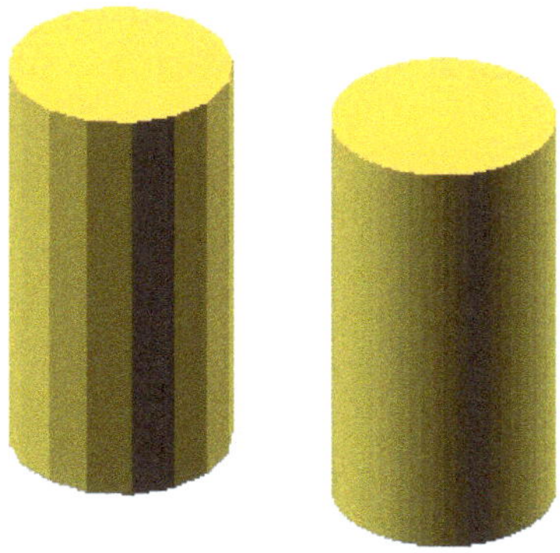

Acabamos de ver algunos usos de dos formas básicas en OpenSCAD: el cubo y la esfera. "***cylinder***" es otra forma esencial en este software. Para un cilindro de 10 mm de diámetro y 20 mm de altura, se escribe:

```
cylinder(d=10,h=20);
```

Si queremos definir el radio en lugar del diámetro y mejorar la resolución "*$fn*", que solo se aplicará a este cilindro, podemos escribir:

```
cylinder(r=5,h=10,$fn=60);
```

Según el valor de la variable $fn, un cilindro puede adoptar formas diversas. En el ejemplo que sigue encontramos los valores de "*$fn*" de 60, ausente, 6, 4 y 3.

```
translate([-15,0,0])cylinder(r=5,h=20,$fn=60);
cylinder(d=10,h=20); translate([15,0,0])
cylinder(r=5,h=20,$fn=6); translate([30,0,0])
cylinder(r=5,h=20,$fn=4); translate([45,0,0])
cylinder(r=5,h=20,$fn=3);
```

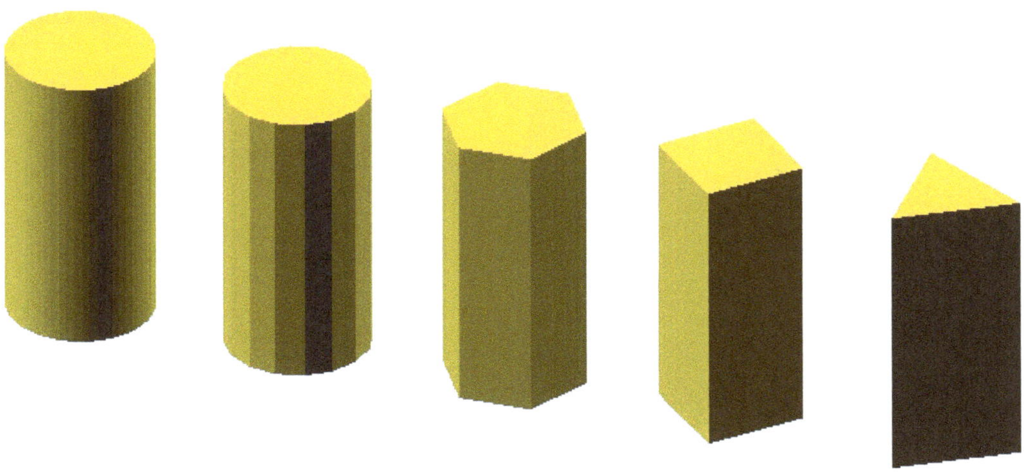

Pero hay otras posibilidades. Se puede transformar el cilindro en un cono asignando el valor r1 al radio de la base y r2 al radio del extremo superior, obteniendo así estas formas cónicas.

```
translate([-15,0,0])
cylinder(r1=5,r2=2,h=20,$fn=60);
cylinder(r1=5,r2=2,h=17);
translate([15,0,0])
cylinder(r1=5,r2=2,h=14,$fn=6);
translate([30,0,0])
cylinder(r1=5,r2=2,h=11,$fn=4);
translate([45,0,0])
cylinder(r1=5,r2=2,h=8,$fn=3);
```

Si se desea que un valor de resolución sea válido para todos los elementos de un script, basta con indicar el valor "*$fn*" al principio del script, en lugar de indicarlo dentro de los comandos:

```
$fn = 60;
```

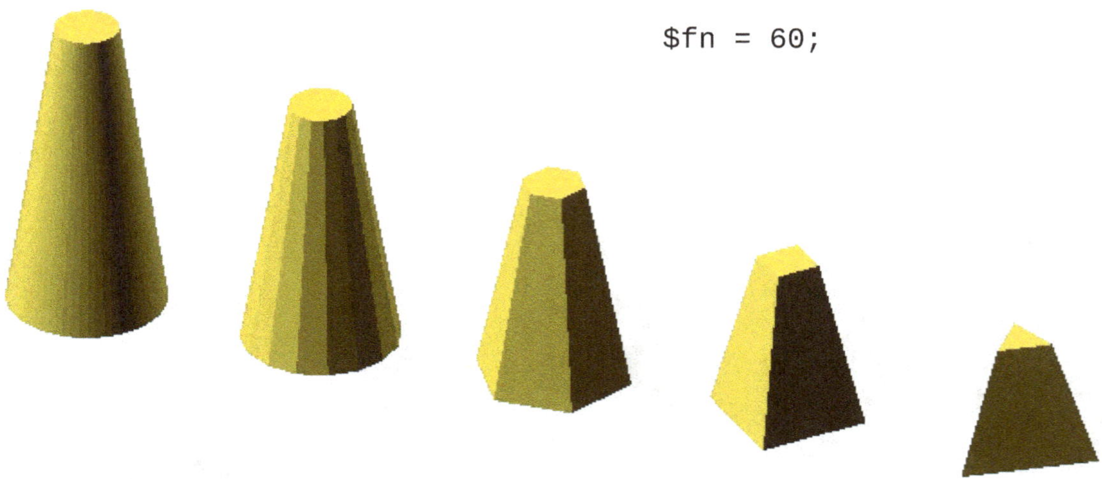

Transformar según los ejes X Y Z

Ya hemos visto algunas transformaciones en las páginas anteriores, como "*translate*", que desplaza un objeto (cubo, cilindro o esfera) según el eje indicado con la distancia en milímetros. En cuanto a "*rotate*", hemos visto que permite girar un objeto alrededor de uno de nuestros tres ejes. Aquí tenemos "***scale***", una instrucción muy interesante que modifica la escala:

```
scale(1.5)
sphere(20);
```

Aumentemos la esfera de radio = 20 mm en un factor de 1,5, manteniendo perfectamente sus proporciones, lo que crea una esfera de 60 mm de diámetro. Por el contrario, si escribimos:

```
scale([0.75,0.75,1.5])
sphere(20);
```

La esfera aumenta una vez y media en su eje Z y se reduce a la mitad en sus ejes X e Y. Se obtiene el mismo resultado con la instrucción "***resize***" (redimensionar) introduciendo los valores en milímetros. El valor de "*sphere*" corresponde al radio de la esfera:

```
resize([30,30,60])
sphere(20);
```

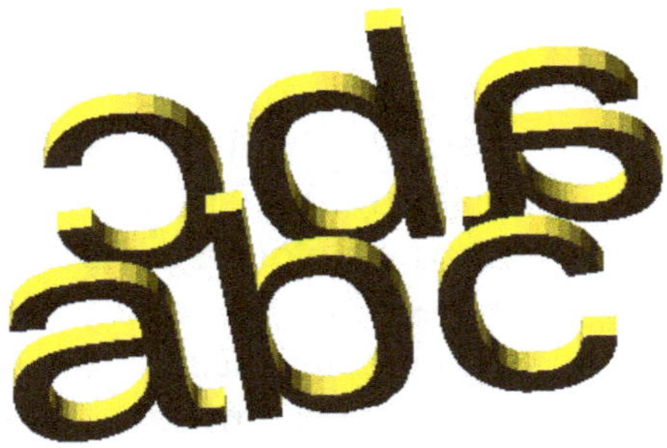

Otra transformación que puede resultar muy útil es "***mirror***".
Refleja el objeto según el eje indicado (por la posición del número "1") en uno de sus tres ejes. En nuestro ejemplo, utilizamos el script "ABC();", cuya realización veremos más adelante (ver página 53).

```
ABC();
mirror([1,0,0])
translate([-95,0,-35])
ABC();
```

Un punto importante que hay que recordar: las instrucciónes "*translate*", "*rotate*", "*mirror*" y "*scale*" nunca terminan con un punto y coma (;), ya que se aplican a un comando o a una instrucción como...

```
ABC();
```

...que deben terminar siempre con un punto y coma.

Transformar mediante interacción

A continuación se muestran las transformaciones que actúan sobre la interacción entre varios comandos básicos: "*cube*", "*cylinder*", "*sphere*", etc. Se escriben de la siguiente manera:

```
instrucción(...) comando(...);
```

El primero y sin duda uno de los más utilizados es "***hull***" (que en español significa "ensamblar" o "envolver"). Comenzaremos creando un cilindro y un cubo de la misma altura, separados por 20 mm:

```
cylinder(r=10,h=5);
translate([20,-10,0])
cube([20,20,5]);
```

Aquí entra en juego un nuevo elemento en la escritura del código OpenSCAD: ¡las llaves! { }
La instrucción "*hull*" siempre va seguida de un par de paréntesis y, a continuación, de llaves, que engloban los objetos que se van a fusionar. Se presenta de la siguiente manera:

```
hull(){
cylinder(r=10,h=5);
translate([20,-10,0])
cube([20,20,5]);}
```

Se pueden combinar todo tipo de formas de esta manera, lo que puede convertirse en una excelente fuente de inspiración. ¡Aquí tenemos algunos ejemplos!

Combinación de dos esferas.

Combinación de una esfera y un cubo.

Combinación de dos cubos.

Tres operaciones booleanas

Los llamados operadores booleanos son una especie de transformadores que realizan inclusiones o sustracciones entre distintos volúmenes, cubos, cilindros, esferas o cualquier otra forma que se pueda crear.

El comando "*difference*" perfora el cilindro grande con el cilindro pequeño perforador, que se vuelve invisible. Pero si se antepone al cilindro perforador un signo de almohadilla (#), se puede hacer visible y translúcido.

Comenzaremos por "***difference***", que perfora un volumen situado en primer lugar con el volumen que le sigue:

```
   difference(){
   cylinder(r=10,h=3);
   translate([10,0,-1])
 # cylinder(r=5,h=5);}
```

Si queremos perforar dos (o más) formas mediante la operación booleana "*difference*", debemos recurrir además a otro operador booleano denominado "***unión***", que agrupa las dos formas que se van a perforar como si fueran una sola.

```
difference(){
union(){
cylinder(r=10,h=3);
translate([-10,-10,9])
cube([20,20,3]);}
translate([0,-10,-1])
cylinder(r=5,h=16);}
```

Asegúrese de redactar correctamente su script. Coloque correctamente los puntos y comas, los paréntesis y corchetes y, sobre todo, las llaves, tanto las de apertura como las de cierre. Esta es la estructura de su script:

```
difference(){ //abre diff
union(){ //abre union
instruction "a"
instruction "b"
instruction "z"
} // cierra union
/* aqui formas
en sustracción */
} // cierra difference
```

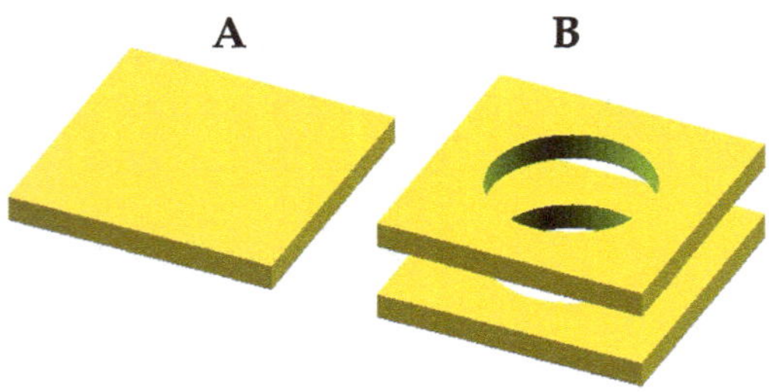

Quisiera insistir en la importancia de la instrucción union.
Si queremos, por ejemplo, perforar un agujero con un "*cylinder*" en un "*cube*" mediante "*difference*", escribiremos:

```
difference(){
cube([10,10,5]);
cylinder (d=6,h=15);}
```

Perforar dos cubos de esta manera no funfiona (ejemplo **A**)

```
difference(){
cube([10,10,1]); //cube 1
translate([0,0,7])
cube([10,10,1]); //cube 2
translate([5,5,3])
cylinder (d=6,h=25);}
```

Y a continuación (ejemplo **B**) el mismo código, pero con la instrucción "*union*" que engloba las dos formas a perforar:

```
difference(){
union(){
cube([10,10,1]); //cube 1
translate([0,0,3])
cube([10,10,1]); //cube 2
} //fermeture union
translate([5,5,-1])
cylinder (d=6,h=25);
} //fermeture difference
```

La acción del tercer operador booleano, llamado "***intersection***", es en cierto modo la inversa del operador "*difference*" que acabamos de estudiar.

A modo de comparación, veamos la interacción entre un cubo y una esfera con "*difference*" e "*intersection*". Comencemos observando lo que ocurre utilizando esta vez una esfera y un cubo, con la esfera hecha transparente mediante el símbolo almohadilla (#):

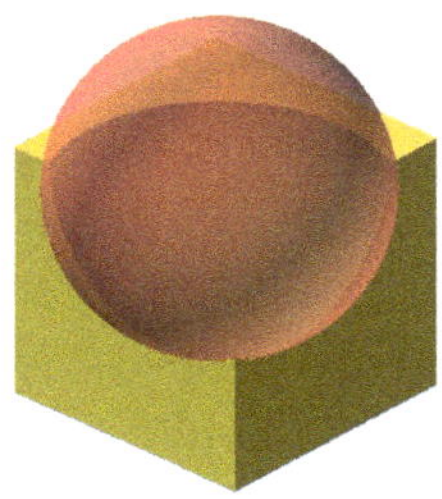

```
difference(){
translate([-14,-5,-20])
cube([20,20,20]);
# sphere(r=12);}
```

Y sin almohadilla (#):

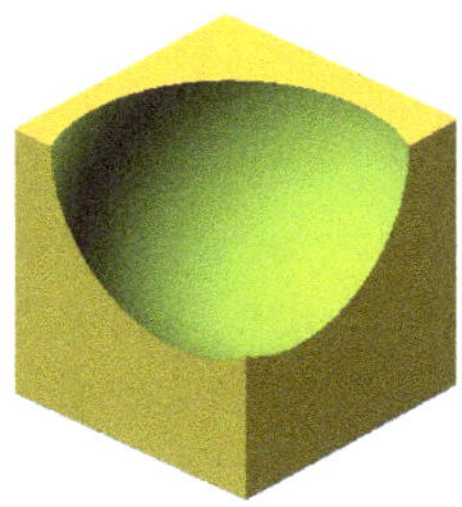

```
difference(){
translate([-14,-5,-20])
cube([20,20,20]);
sphere(r=12);}
```

Y reemplazamos "*difference*" por "*intersection*" :

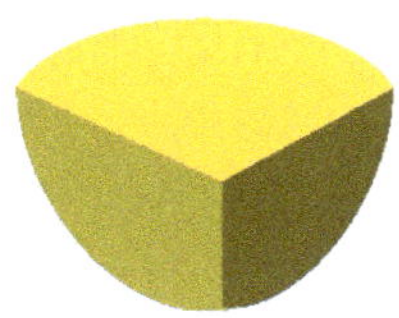

```
intersection(){
translate([-14,-5,-20])
cube([20,20,20]);
sphere(r=12);}
```

A

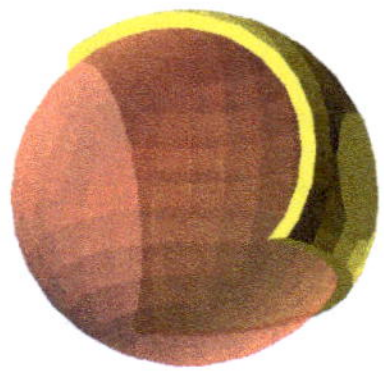

B

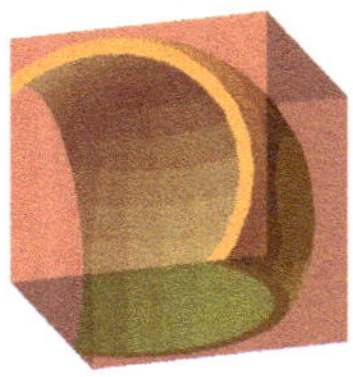

C

D

Vamos a crear un script que combine dos operaciones booleanas: "*difference*" e "*intersection*".

A. Comenzamos con una esfera incrustada en un "*cube*".
B. Aquí vemos un "*cube*" que actúa por "intersection" sobre una "*sphere*" de 14 mm, que ya ha sido vaciada por "*difference*" con una "*sphere*" de 13 mm.
C. La "*sphere*" de 14 mm es cortada por el "*cube*" mediante "*intersection*". El signo # hace visible la "*sphere*" de 13 mm, que va a excavar la más grande.
D. Aquí está la pieza tal y como queda después de la acción conjunta de las instrucciones booleanas "*difference*" e "*intersection*".

Y aqui el código utilizado:

```
difference(){
intersection(){
   cube([20,20,20]);
   translate([7,7,7])
   sphere (14);
   } // fin intersection
   translate([7,7,7])
   sphere (13);
   } // fin difference
```

Nota: *Acabamos de ver los principales comandos y instrucciones con los que se puede modelar con gran precisión un gran número de objetos. Como hemos visto, con estos ejemplos no es muy complicado usar este lenguaje, donde todo se refiere a nuestras tres dimensiones X, Y y Z.*

Primer modelo

```
sphere(17); // extérior

sphere(15); // intérior

hull(){ // manngo cuchara
cylinder(d=14,h=3);
translate([90,0,0])
cylinder(d=14,h=3);}

// cubo que oculta la esfera
translate([0,0,10])
cube([34,34,20],center=true);
```

1. Comenzamos con una esfera, que representa la cara exterior de nuestra cuchara. Si queremos que la pared de la cuchara tenga 2 mm de grosor, tendrá un radio de 15 + 2 = 17 mm.

2. A continuación, colocamos la esfera interior, cuyo radio es de 15 mm.

3. Creamos un mango con dos cilindros de 14 mm de diámetro y
3 mm de grosor, cuyos centros están separados por 90 mm, unidos por un "*hull*".

4. En el extremo del mango, creamos una perforación para poder colgar la cuchara.

5. Creación de un cubo para ocultar la parte superior de las esferas..

```
  difference(){
  union(){
  sphere(17); // exterior cuchara
  hull(){ // mango
  translate([0,0,-3])
  cylinder(d=14,h=3);
  translate([90,0,-3])
  cylinder(d=14,h=3);
  }} // cierra hull y union
  translate([0,0,10])
# cube([34,34,20],center=true);
  sphere(15); // interior cuchara
  translate([90,0,-4])
# cylinder(d=10,h=6); //perforación mango
  } // cierra difference
```

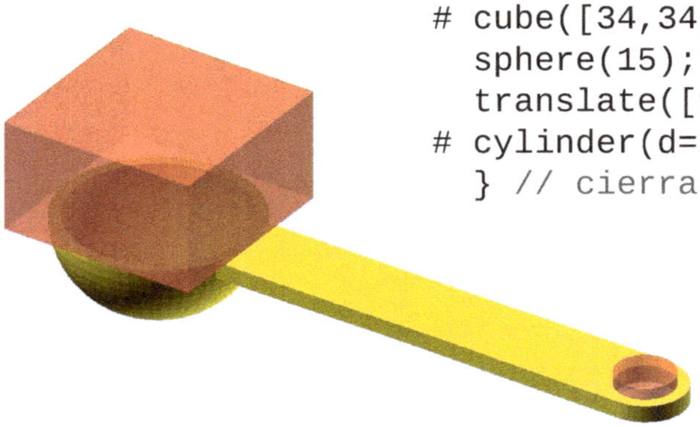

Organización de las partes del script:
La instrucción «*union*» para agrupar los elementos afectados por «*difference*», como la esfera interior y el cilindro que perfora el mango.

Llaves de apertura y cierre al final de «*union*» y «*difference*» para vaciar.

Un cubo con # (que da visibilidad) para eliminar la mitad superior de las esferas, y otro # para visualizar la perforación del mango.

Para poder realizar nuestra cuchara, debemos seguir varios pasos antes de proceder a la impresión.

Hemos guardado nuestro script OpenSCAD con el nombre "*cuchara.scad*" (sin acentos, espacios ni caracteres especiales en los nombres de los archivos informáticos). En realidad, se trata de un simple archivo de texto que contiene exactamente lo que hemos escrito.

Archivo STL

Malla del archivo STL

Archivo G-Code generado por el "*slicer*", aquí con estructuras de soporte, que deben ser retirados

Cuchara impresa en una maquina 3D de typo FDM

Para poder preparar la impresión, debemos convertir nuestro "*script*" en un archivo con formato STL (F6) y guardarlo como "*cuchara.stl*" (F7). STL significa "*stéréo-lithography*", una tecnología habitual en la impresión 3D. El archivo STL es también un archivo de texto que describe las coordenadas de la "malla" de formas triangulares (denominada "*mesh*" en inglés).

Para poder imprimir el archivo STL obtenido, debe transformarse en un archivo legible por una impresora. Es decir, un archivo que describa la forma en que la impresora debe depositar el hilo plástico fundido, capa por capa, durante el proceso de impresión 3D. Esta acción se denomina "*slicing*" (corte en español) y se lleva a cabo mediante programas informáticos llamados "*slicers*", que veremos en la segunda parte de este libro.

Una vez cortado (*sliced*) nuestro archivo STL, se guarda con la extensión "*.gcod*" ("para G-Code").

A continuación, nuestro archivo G-Code se descargará en nuestra impresora 3D mediante un software de gestión remota como Octoprint (también descrito en nuestro capítulo dedicado al software asociado), o se cargará directamente en la impresora mediante una memoria USB.

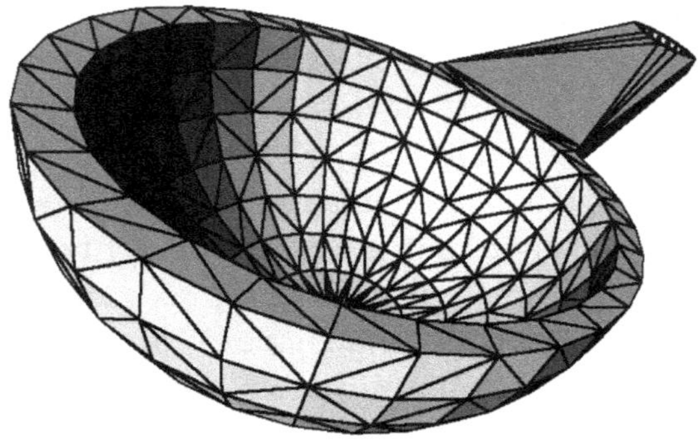

¿Qué es exactamente un archivo de malla (*mesh*) de tipo STL?

Archivo STL (por *Stereolithography* o *Standard Triangle Language*):
Es un archivo de texto que contiene las coordenadas espaciales de un objeto 3D. Describe la forma exterior del objeto dividiéndolo en pequeños triángulos (facetas) que forman una superficie mallada. No contiene ningún color, textura ni información sobre los materiales, solo la geometría.

Es el formato más habitual para exportar un objeto modelado (por ejemplo, con OpenSCAD) a un software de corte (*slicer*) con vistas a su impresión en 3D.

A continuación, a título indicativo, mostramos las primeras líneas del contenido del archivo STL de nuestra cuchara: facet normal nx ny nz: indica la dirección de la superficie (el vector normal). vertex: cada línea define un vértice del triángulo, con sus coordenadas x y z.

Chaque facette = 1 triangle,
défini par 3 vertex.

```
solid OpenSCAD_Model
  facet normal 0.387045 0.869281 -0.307484
    outer loop
      vertex 7.76514 13.4496 -6.91452
      vertex 5.13849 15.8147 -3.5345
      vertex 8.31425 14.4007 -3.5345
    endloop
  endfacet
  facet normal 0 0.99458 -0.103974
    outer loop
      vertex 1.73815 16.5374 -3.5345
      vertex -1.77698 16.9069 0
      vertex 1.77698 16.9069 0
    endloop
  endfacet
```

Los módulos

Tarde o temprano, seguramente tendremos que diseñar objetos más o menos complejos, y entonces escribir un script de una sola vez podría resultar complicado, incluso confuso.

La idea es escribir por separado bloques de código llamados módulos para las diferentes partes de nuestro proyecto 3D.

Para organizarnos mejor y comprender lo que hemos escrito, el uso de "comentarios", como ya hemos visto, puede resultar muy útil. Recordemos aquí cómo se formula:

```
// commentario A
/* commentario B ecrito
   en varias lineas */
```

Las explicaciones breves son sin duda las más eficaces... Aquí tienen un pequeño proyecto de "llavero", ya que el que tenía desde hacía 10 años merecía ser sustituido.

Para la ocasión, aquí un proyecto de llavero compuesto por módulos.

Organización del proyecto:

Para modelar este llavero de 12 cm de ancho, hemos dividido los elementos que hay que programar en tres módulos ("***module***") denominados:

```
module PLACA() { .... }
module GANCHO() { .... }
module PFIX() { .... }
```

A continuación, un cuarto módulo:

```
module LLAVERO(){
   PLATEAU() { .... }
   GANCHO() { .... }
   PFIX() { .... }}
```

....que junta los tres módulos que definen las piezas del objeto. La pieza terminada se muestra con::

```
LLAVERO();
```

Encontrará el código completo de este proyecto, con "comentarios" explicativos, en la página siguiente.

`PLACA();`

`GANCHO();`

`PFIX();`

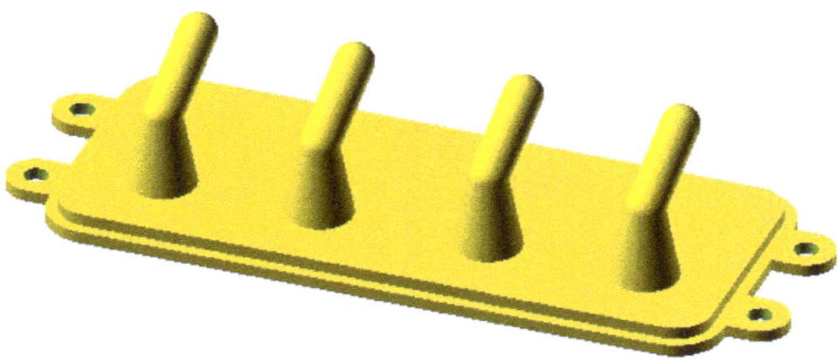

Résultat final dans le module `P_CLES();`

```
module PLAQUE(){ //Placa de soporte
  hull(){ //Parte inferior de la placa
  translate([-60,20,0 ]) cylinder(d=20,h=2.5);
  translate([60,20,0 ]) cylinder(d=20,h=2.5);
  translate([-60,-20,0 ]) cylinder(d=20,h=2.5);
  translate([60,-20,0 ]) cylinder(d=20,h=2.5);}
  hull(){ //Parte superior de la placa
  translate([-60,20,0 ]) cylinder(d=15,h=5);
  translate([60,20,0 ]) cylinder(d=15,h=5);
  translate([-60,-20,0 ]) cylinder(d=15,h=5);
  translate([60,-20,0 ]) cylinder(d=15,h=5);}}
```

```
module CROCHET(){ //El gancho
  hull(){ //Cono que forma la base del gancho
  cylinder(d=15,h=2.5);
  translate([0,0,20]) sphere(4);}
  hull(){ //Extremo del gancho
  translate([0,0,20]) sphere(4);
  translate([0,20,28]) sphere(4);}}
```

```
  module PLAQFIX(){ //Fijación de la placa
  difference(){ //Perforación
  hull(){ //reunion cubo y cilindro
  translate([10,-6,0]) cube([2,12,2.5]);
  cylinder(d=12,h=2.5);}
  translate([0,0,-1]) cylinder(d=5,h=5);}}
```

```
module P_CLES(){
  PLAQUE(); //Placa de suporte
  translate([50,-10,0]) CROCHET(); //4 ganchos
  translate([17.5,-10,0]) CROCHET();
  translate([-17.5,-10,0]) CROCHET();
  translate([-50,-10,0]) CROCHET();
  //4 Fijaciónes
  translate([-75,13,0]) PLAQFIX();
  translate([-75,-13,0]) PLAQFIX();
  translate([75,13,0]) rotate([0,0,180]) PLAQFIX();
  translate([75,-13,0]) rotate([0,0,180]) PLAQFIX();}
```

Una pequeña aclaración importante:

Cuando creamos un script, basta con pulsar la tecla de función F5 y lo que hemos escrito en nuestro código se muestra en todo su esplendor tridimensional en la ventana de renderizado. Por supuesto, siempre y cuando no hayamos olvidado colocar los puntos y comas y cerrar bien las llaves. Acabamos de escribir un magnífico módulo:

```
module STAR(){ $fn=60;
   for(i = [1:7]){
   rotate([90,i*50,0])
   translate([5,0,0])
   cylinder(d=10,h=3,$fn=3);}
   rotate([-90,0,0])
   cylinder(r1=4,r2=0.1,h=10);}
```

Hacemos clic en la tecla F5... y... ¡nada! Este es el error que todos cometimos cuando empezamos con OpenSCAD: había que llamar a nuestro módulo, fuera del módulo, por supuesto :

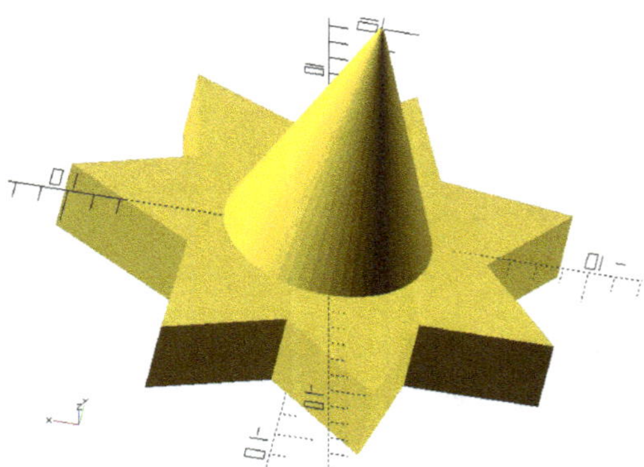

```
module STAR(){ $fn=60;
   for(i = [1:7]){
   rotate([90,i*50,0])
   translate([5,0,0])
   cylinder(d=10,h=3,$fn=3);}
   rotate([-90,0,0])
   cylinder(r1=4,r2=0.1,h=10);}

STAR();
```

¡Y ahí aparece esa bonita estrella!

Suavizar las aristas

Hemos visto que, con apenas una decena de instrucciones y comandos, ya es posible dar rienda suelta a nuestra imaginación para crear un buen número de objetos. Pero las posibilidades que ofrece OpenSCAD no se detienen ahí. Existe una serie de comandos adicionales que darán alas a su creatividad.

Aquí hay una nueva herramienta de transformación llamada "***minkowski***" (en honor a Hermann Minkowski, matemático ganador del Gran Premio de la Academia de Ciencias de París en 1882). Es una especie de variante del comando "*hull*" que permite obtener resultados interesantes para suavizar formas.

Ahora que ya está empezando a familiarizarse con el lenguaje OpenSCAD, experimente copiando estos pequeños scripts e intente modificar los valores "*$fn*" o cambiar los valores de las instrucciones.

Script 1: Para empezar, tenemos un "*cube*" y un "*cylinder*".

```
$fn=50;
cube([10,10,1]);
cylinder(r=2,h=1);
```

Script 2: La instrucción "*minkowski*" utiliza el cilindro para envolver el cubo y crear redondeos.

```
$fn=50;
minkowski(){
cube([10,10,1]);
cylinder(r=2,h=1);}
```

Script 3: En esta ocasión, el cilindro utilizado para redondear se sustituye por una esfera.

```
$fn=50;
minkowski(){
cube([10,10,1]);
sphere(2);}
```

Script 4: En esta ocasión, se utiliza un cilindro con la variable *$fn=5*.

```
$fn=50;
minkowski(){
cylinder(d=10,h=1,$fn=5);
cylinder(r=2,h=1);}
```

Script 5: Otro efecto obtenido con cilindros.

```
$fn=50;
minkowski(){
rotate([0,90,0])
cylinder(d=10,h=1,$fn=5);
cylinder(r=1,h=0.1);}
```

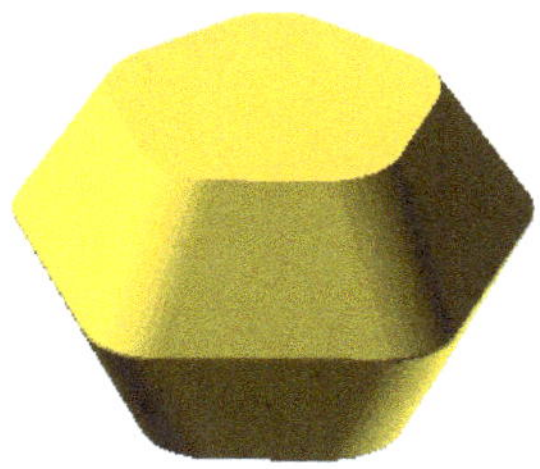

Script 6: O con una esfera y un cilindro.

```
$fn=50;
minkowski(){
sphere(5,$fn=5);
cylinder(r=2,h=0.1);}
```

Script 7: Y con dos esferas.

```
$fn=50;
minkowski(){
sphere(5,$fn=5);
sphere(2);}
```

Script 8: Al importar un dibujo (cómo veremos más adelante), se pueden obtener resultados interesantes.

También podemos ir más allá enriqueciendo nuestro código con una "*difference*", como vimos en nuestro primer proyecto, "la Cuchara".

```
$fn = 60;
difference(){
minkowski(){
resize([16,3,3])
cylinder(d=10,h=1);
sphere(2.5);}
scale(0.8)
translate([0,0,4])
minkowski(){
resize([16,3,3])
cylinder(d=10,h=1);
sphere(4);}}
```

Aquí hay un pequeño proyecto que utiliza "*minkowski*" para obtener formas curvas para este soporte de smartphone.

Este script crea un soporte para smartphone, inclinado 10° hacia atrás para una mejor legibilidad. La forma principal es una caja con esquinas redondeadas gracias a "*minkowski*". Dos recortes crean un espacio central para alojar el dispositivo. Por último, una pequeña pata curvada en la parte trasera garantiza la estabilidad.

El diseño es sencillo, liso y muy adecuado para la impresión 3D.

```
    $fn = 60;

module PHONE_ST(){
    rotate([-10,0,0])
    difference(){
    minkowski(){
    cube([83,8,70],center=true); //boite
    sphere(6);}
    translate([0,-6,10])
    cube([73,24,80],center=true);//découp ext
    translate([0,-0.5,3.5])
    cube([83,13,80],center=true);}//découp int
    minkowski(){
    translate([0,14,-40])
    cube([60,22,2],center=true); // support
    cylinder(r=4,h=1);}}

PHONE_ST();
```

De planos 2D hacia formas 3D

A

B

C

Nota: *El parámetro de convexidad se refiere a la malla STL: define el número máximo de lados, delanteros o traseros, que puede encontrar un radio que atraviesa el objeto. La variable "*height*" significa altura en español.*

OpenSCAD ofrece comandos que generan formas bidimensionales que luego pueden "extruirse" (estirarse) asignándoles un eje Z, lo que las transforma en volúmenes 3D.

Aquí tenemos dos comandos 2D, "***circle***" y "***square***", que generan, como su nombre indica, un círculo y un cuadrado (fig. **A**):

```
square(20);
translate([-15,10,0,])
circle(10);
```

Pero si queremos transformarlos en un archivo STL imprimible (tecla F6), obtenemos un resultado inesperado (fig. **B**). Obtenemos un círculo y un cuadrado verde con un contorno rojo. En efecto, no se trata de volúmenes, sino de formas 2D.

Para transformarlos en 3D existe un comando: "***linear_extrude***" : extrusión lineal en español), que es el siguiente (fig. **C**):

```
linear_extrude(height = 5,
convexity=10){
square(20);}
linear_extrude(height = 10,
convexity=10){
translate([-15,10,0,])
circle(10);}
```

De 2D a 3D con "minkowski"

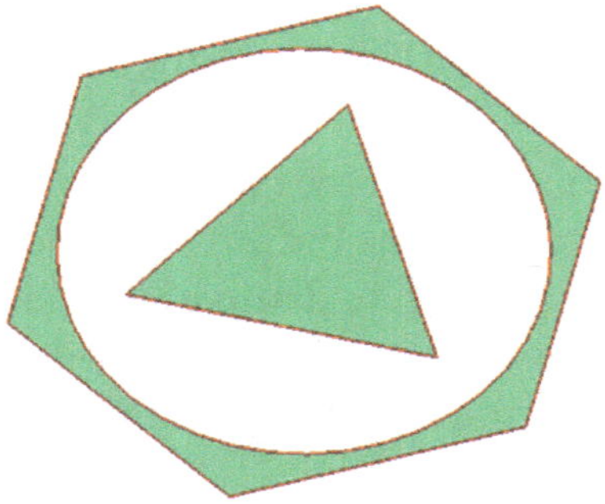

Hemos visto que, gracias a los diferentes valores de "*$fn*", se pueden realizar múltiples acciones sobre formas 3D. Esto también se aplica a las formas bidimensionales.

En nuestro módulo BIDIM, hemos anidado tres formas 2D con valores de "$fn" de 6, 40 y 3, respectivamente.

A continuación, en el módulo TRIDM, hemos extruido BIDIM y le hemos aplicado un "*minkowski*" para redondear los ángulos. Hemos asignado un "*$fn=20*" a todo el módulo, lo que suaviza los contornos sin modificar los valores de "*$fn*" definidos en BIDIM.

Esto demuestra, una vez más, que con OpenSCAD se pueden obtener resultados muy interesantes con solo unas pocas líneas de código.

```
module BIDIM(){
    difference(){
    circle(20,$fn=6);
    circle(16,$fn=40);}
    circle(12,$fn=3);}

module TRIDIM(){
    $fn=20;
    minkowski(){
    linear_extrude(height=5,
    convexity = 10)
    BIDIM();
    sphere(1);}}
```

Más opciones con 2D

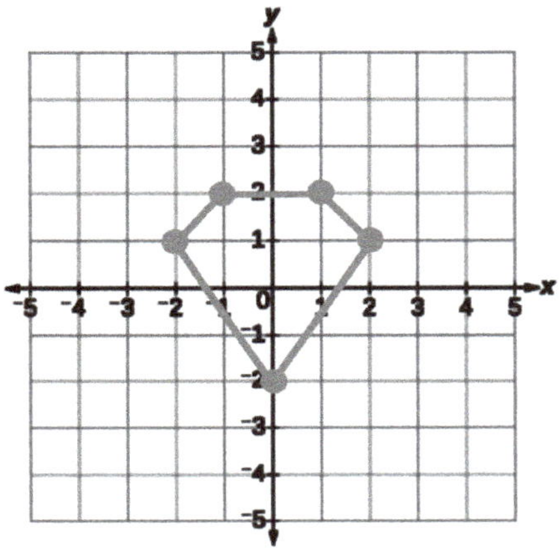

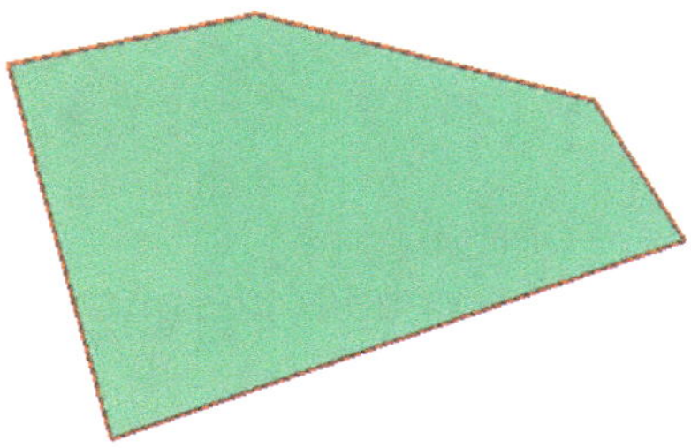

Observamos la ubicación de los valores de la variable "plg" en la cuadrícula situada encima de la forma obtenida. El nombre de la variable lo elige el programador. Cualquier letra o grupo de letras es válido.

Nota : *Obsérvese también que la declaración de nuestra variable se extiende a dos líneas, lo cual es perfectamente legítimo en la escritura del código, dada su longitud.*

El comando "*minkowski*", que ya conocemos, también se aplica a los comandos "*square*" y "*cercle*" que acabamos de estudiar. Utilice los ejemplos que hemos visto para probar el resultado con "*linear_extrude*".

Aquí hay una nueva instrucción llamada "***polygon***" con valores [x,y] asignados a la variable "*plg*".

```
module FORM_1(){
  plg=[[0,-2],[2,1],[1,2],
  [-1,2],[-2,1],[0,-2]];
  polygon(plg*10);}
```

...y mostrar el módulo:

```
FORM_1();
```

Hay dos novedades en este script. Además del comando "*polygon*", hay una variable "*plg*" en el módulo FORM_1.

Nota: *En programación, una variable es un espacio de memoria (una letra o una palabra) en el que se almacenan datos. En este caso, la variable "*plg*" contiene lo que se denomina una tabla (o matriz en informática), que agrupa todos los valores que definen nuestro polígono.*

Y aqui la instrucción 2D llamada "***offset***":

Imagen 2D del módulo
FORM_2();

```
module FORM_2() {
  offset(r=3) {
  rotate([0,0,90])
  square([64,10],true);
  square([64,10],true);}}
```

Imagen 2D del módulo
FORM_3();

```
module FORM_3() {
  offset(r=-4) {
  rotate([0,0,90])
  square([84,25],true);
  square([84,25],true);}}
```

Imagen 2D del módulo
FORM_4();

```
module FORM_4() {
  offset(r=4) {
  translate([0,0,45])
  square([45,10],true);}
  offset(r=4) {
  rotate([0,0,45])
  square([25,25],true);}}

module FORM_5(){
  linear_extrude(height=20,
  convexity=10){
  union(){
  FORM_1();
  translate([65,0,0]) FORM_3();
  translate([140,0,0]) FORM_4();
  }}}
```

En el módulo FORM_5(); se aplica la instrucción "*linear_extrude*" a los módulos FORM_1, FORM_3 y FORM_4 utilizando "union".

Las importaciones

De nuevo 2D, pero esta vez importado. Podemos facilitar la realización de ciertas formas con ayuda de un dibujo vectorial procedente de otro software.

```
import("archivo.svg");
```

La instrucción "***import***" permite integrar un archivo externo. En este caso, un archivo "*.svg*" creado con Inkscape, un programa que presentaremos en la segunda parte de este libro.

```
$fn =60;
eps = 4;

module ORNAM(){
  linear_extrude(height=eps,
  convexity=10){
  import("ornamento.svg");}}

module FIX(){
  hull(){
  translate([-7.5,0,0])
  cube([15,eps,eps]);
  translate([0,120,0])
  cylinder(d=15,h=eps);}}

module ESCUADRA(){
  translate([eps/2,-21,-16])
  rotate([0,-90,0])
  ORNAM();
  rotate([90,0,0])
  FIX(); FIX();}
```

Aquí está el script compuesto por dos módulos: el primero importa el dibujo vectorial realizado en Inkscape, el segundo compone las barras de fijación y, a continuación, un tercer módulo, llamado ESCUADRA, lo ensambla todo. Para mostrar el resultado, basta con llamar a este último módulo de la siguiente manera:

```
ESCUADRA();
```

También se pueden importar archivos STL, ya sea descargados de Internet o creados previamente como nuestro "conejo" (pag; 46) y integrarlos en nuevos proyectos:

```
module CONEJO(){
  import("conejo.stl");}

  module STAR(){
  import("estrella.dxf");}

module CONEJO_STAR(){
  translate([0,0,22])
  CONEJO();
  linear_extrude(height=5,
  convexity=3){
  scale(0.25)
  translate([-330,-470,0])
  STAR();}}
```

Aquí hay dos importaciones: el conejo es un archivo STL importado de un sitio web y la estrella es un dibujo vectorial en formato "*.dxf*".

En el módulo CONEJO_STAR, hemos montado los dos módulos, el del "conejo" y el de la "estrella", ajustando su posición con un "*translate*".

Y así es como se muestra el resultado:

```
LAPIN_STAR();
```

La instrucción "***surface***" permite importar imágenes "*.png*" de baja resolución. Genera alturas variables en función del color o la densidad de los niveles de gris presentes en la imagen.

Aqui la imagen "gama.*png*"

```
module GAMA(){
  surface(file = "gama.png",
  invert=true,convexity=10);}
```

Y el resultado de módulo GAMA();

```
module JAZZ(){
  scale([1, 1, 01]){
  surface(file = "jazz.png",
  invert=true,convexity=10);}}
```

El dibujo para JAZZ();
y el resultado aqui debajo

Nota: *Tenga cuidado con el resultado, ya que este comando reproduce cada píxel de la imagen importada, lo que da resultados bastante aleatorios para la reproducción de dibujos o logotipos. En general, es preferible utilizar imágenes vectoriales.*

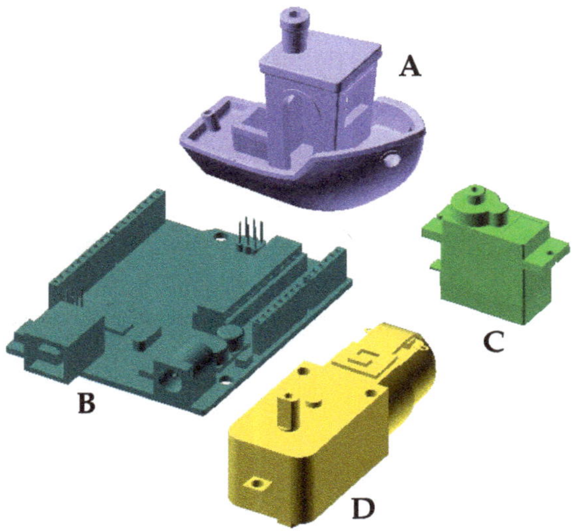

On En Internet se pueden encontrar una gran cantidad de objetos para descargar en formato STL.

A continuación, se muestran algunos ejemplos significativos:

A. *3DBenchy* es ese famoso barquito que se utiliza para probar impresoras 3D y que todos hemos visto en publicaciones sobre el tema.
www.thingiverse.com/thing:2864808

B. ¿Quién no reconoce el *Arduino Uno*, esa pequeña placa con un microprocesador que permite dar vida a las máquinas que vamos a crear?
www.thingiverse.com/thing:2915106

C. Aquí representado en verde: el servomecanismo SG90, muy apreciado para los pequeños robots.
www.thingiverse.com/thing:787942

D. O este famoso motor amarillo, equipado con un sistema reductor de velocidad.
www.thingiverse.com/thing:4287674

En sitios web como *Thingiverse.com* estan disponibles una impresionante cantidad de objetos. Encontrará numerosas piezas para enriquecer sus propias creaciones.

Por supuesto, también puede publicar sus propios modelos en línea y participar así en este formidable movimiento universal de los "*makers*".

Extrusión y rotación

Aquí hay una instrucción sorprendente, "***rotate_extrude***", que gira una imagen vectorial, es decir, 2D, pero también objetos 3D, de forma ascendente alrededor del eje Z.
El resultado de esta extrusión permite crear formas muy interesantes, como veremos en los ejemplos que le presentamos aquí.

La regla de la mano derecha

Este método mnemotécnico le ayudará a determinar la dirección positiva de rotación alrededor de cualquier eje. Coloque su mano derecha como se muestra en la figura siguiente. Apunte con el pulgar en la dirección positiva del eje de rotación. Sus dedos doblados indican la dirección positiva de los ángulos medidos alrededor del eje.

Nota: *A veces, la visualización de la imagen en la ventana de renderizado puede tardar un poco, ya que algunos códigos consumen mucha memoria. La razón es la densidad de la malla generada por la multiplicación de capas generadas por* "rotate_extrude"*. Esto se nota aún más cuando se utiliza la tecla F6 para compilar el archivo STL.*

Aquí tenemos otra potente instrucción, "*rotate_extrude*", que se aplica a formas que inicialmente son 2D. A continuación se muestran algunos ejemplos de uso. Aquí utilizamos los comandos 2D "*square*" y "*circle*", y luego un dibujo vectorial "*.svg*".

Módulo ROT_1();

```
module ROT_1(){
  rotate_extrude(convexity=10)
  translate([20, 0, 0])
  square([3,10]);}
```

Módulo ROT_2();

```
module ROT_2(){
  rotate_extrude(angle=240,
  convexity=10)
  translate([40,20])
  circle(10);}
```

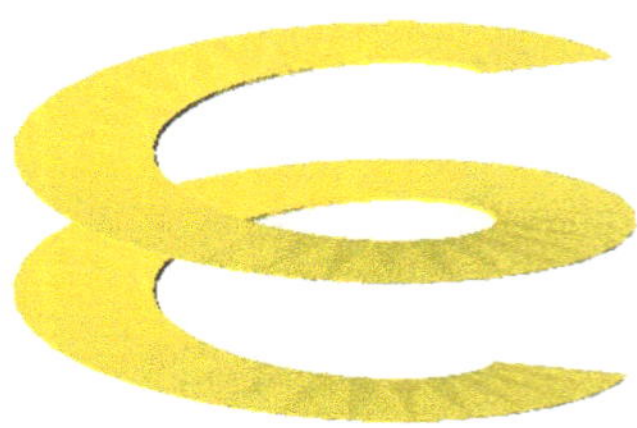

Módulo ROT_3();

```
module ROT_3(){
  linear_extrude(height=20,
  twist=660)
  difference(){
  square([22,2]);
  square([12,2]);}}
```

Módulo ROT_4();

```
module ROT_4(){
  rotate_extrude (angle=230)
  import (file="profil.svg");}
```

Slice & twist & scale
El comando "*linear_extrude*" puede incluir, además de la extrusión, las opciones "*twist*" y "*scale*", que ofrecen interesantes posibilidades.

En el módulo ESTRELLA creamos una forma 2D que vamos a manipular de diferentes maneras con la instrucción "*linear_extrude*".
Con el renderizado OpenSCAD (tecla F5), la visualización será simplemente una estrella, pero con el renderizado STL (F6), veremos el efecto de la instrucción "*difference*" en la imagen verde con bordes rojos, lo que indica que se trata de un renderizado 2D.

```
module ESTRELLA(){
   difference(){
   import("star.svg");
   scale(0.8)
   import("star.svg");}}
```

Después de importar la imagen vectorial "*star.svg*" y vaciarla con "*difference*" con la misma "*star.svg*" escalada a 0,2 gracias a "*scale*", vamos a utilizar esta estrella para realizar algunas pruebas con "*linear_extrude*"...

Nota: "twist" *significa "torsión" y* "slice" *se traduce como "corte" en español.*

Ahora vamos a utilizar el módulo ESTRELLA que acabamos de crear y aplicar la instrucción "*linear_extrude*" de varias maneras:

A

B

C

```
module EXTR_1(){
  linear_extrude(height=155,
  convexity=10,scale = 0.3)
  ESTRELLA();}
```

```
module EXTR_2(){
  linear_extrude(height=155,
  twist=155,convexity=10,
  slices = 140, scale = 0.3)
  translate([0, 0])
  ESTRELLA();}
```

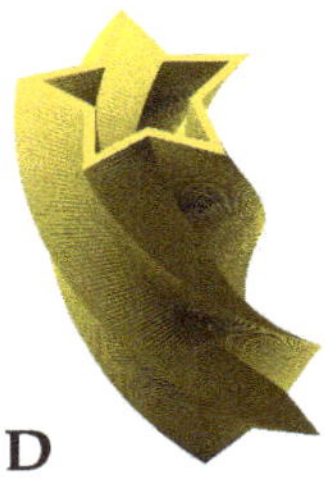
D

E

F

Las imágenes **A** y **B** se obtuvieron con el módulo EXTR_1 modificando el valor de "*scale*" de 1 para **A** a 0,3 para **B**. Las siguientes imágenes proceden del módulo EXTR_2, donde hemos ajustado las variables "*twist*", "*slices*" y la instrucción "*translate*".

Textos en 3D

El comando "***text***" permite generar texto en formato vectorial 2D, que luego se puede transformar en volumen 3D utilizando el comando "*linear_extrude*".

Este es el script para crear la imagen vectorial:

```
text("OpenSCAD",font="Times",
size=10,spacing=0.8);
```

No es necesario utilizar todos los atributos: los valores predeterminados se aplican automáticamente.

```
linear_extrude(height=10,
convexity=10){
text("OpenSCAD",font="Times",
size=10,spacing=0.8);}
```

A continuación, se muestra la lista de atributos del comando "*text*":

"***size***": define el tamaño de los caracteres.

"***font***": nombre de la fuente (tipo de letra) que se va a utilizar, en función de las instaladas en el ordenador.

"***halign***": alineación horizontal del texto: "*left*" (por defecto), "*center*" o "*right*".

"***valign***": Alineación vertical: "*top*", "*center*", "*baseline*" (predeterminada) o "*bottom*".

"***spacing***": ajusta el espaciado entre las letras; 1 es el valor predeterminado.

"***direction***": dirección del texto, "*ltr*" (de izquierda a derecha, predeterminado), "*rtl*" (de derecha a izquierda), "*ttb*" (de arriba abajo) o "*btt*" (de abajo arriba).

De este modo, se pueden importar textos en 2D utilizando cualquier fuente (tipo de letra) instalada en el ordenador.
A continuación le presentamos algunos ejemplos.

Cuando hablamos de escritura, también nos referimos a logotipos y otros símbolos, que se pueden recuperar y convertir al formato vectorial 2D gracias a Inkscape, del que hablaremos con más detalle en la segunda parte de este libro.

Aquí, a la izquierda, logotipos y otras imágenes encontradas en Internet y vectorizadas en el software Inkscape.

Utilizando la instrucción "*linear_extrude*", podemos convertir estas imágenes en tridimensionales asignándoles un eje Z.

Una vez transformadas en objetos 3D, podemos aplicarles colores (le daremos más detalles al respecto en las próximas páginas.).
Desde hace algún tiempo, se pueden encontrar en los mercados online impresoras que permiten utilizar simultáneamente filamentos de diferentes colores...

¡El progreso es imparable!

Las iteraciones

Iteración es una palabra poco conocida que hace referencia a la acción de renovar, repetir o realizar un cálculo repetitivo.

Veamos cómo se aplica esto a OpenSCAD.

Como sucede a menudo en informática, el bucle "***for***" en los lenguajes de programación tiene dos partes: un encabezado que define la iteración y un cuerpo que se ejecuta en cada repetición. Aquí, la variable "***i***" va tomando sucesivamente valores dentro de un intervalo determinado

```
for(i=[comienzo:incremento:
fin]){...}

for (i = [coliemzo:fin]){...}
```

Nota: *la letra "i" (de iteración) se utiliza generalmente como variable, pero cualquier otra letra o nombre de variable también es válido.*

En la página siguiente, continuamos con algunos ejemplos...

He aquí algunos ejemplos:

ITR_1();

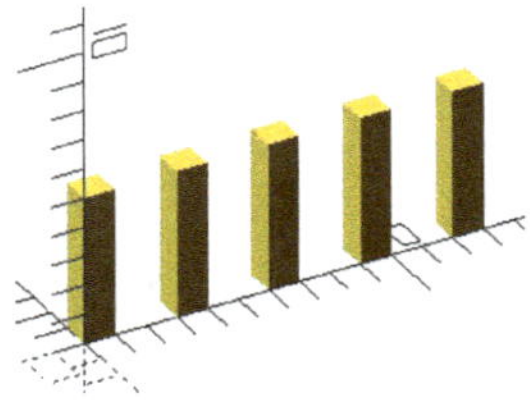

```
module ITR_1(){
  for(i = [0:4]){
  translate([3*i,0,0])
  cube([1,1,5]);}}
```

ITR_2();

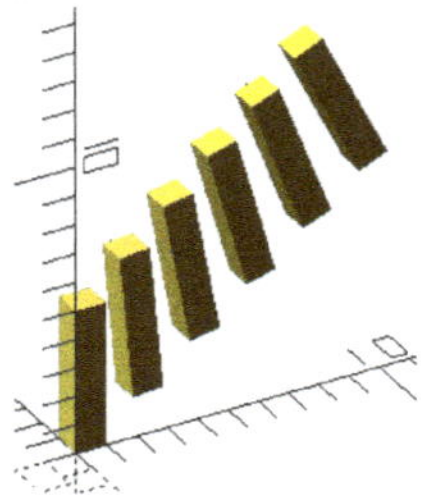

```
module ITR_2(){
  for(i=[0:2:10]){
  translate([i*1.5,i,0])
  rotate([0,-i*2.5,0])
  cube([1,1,5]);}}
```

ITR_3();

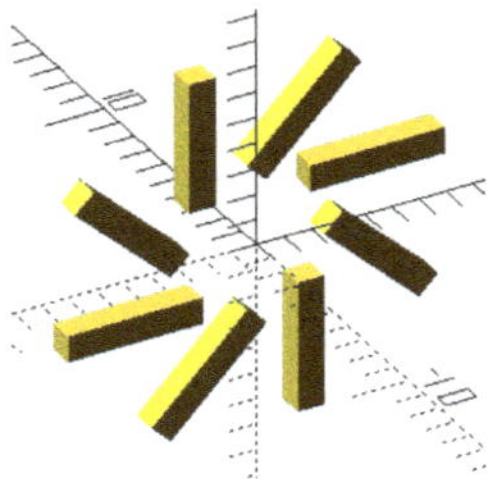

```
module ITR_3(){
  for(i = [1:8]){
  rotate([0,i*45,0])
  translate([-2.50,0,2])
  cube([1,1,5]);}}
```

ITR_4();

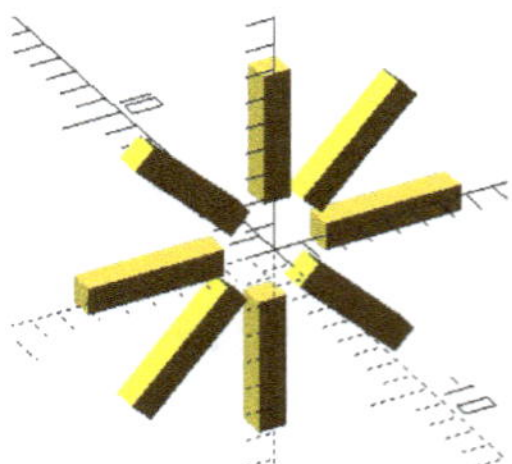

```
module ITR_4(){
  for(i = [1:8]){
  rotate([0,i*45,0])
  translate([-1.6,0,1])
  rotate([0,-45,0])
  cube([1,1,5]);}}
```

Nota: *TR_1(); indica i = [0:4], pero se muestran 5 barras. Esto se debe a que "0" cuenta como la primera barra.*

Módulos configurables

A veces resulta útil crear un módulo configurable, que permite modificar ciertos elementos sin tener que escribir un nuevo módulo para cada variación. Por ejemplo:

```
module CUBIC(x,y,z){
cube([x,y,z],center=true);}
```

En este ejemplo, las dimensiones del comando "*cube*" se definen mediante las variables colocadas entre paréntesis en el módulo CUBIC(x, y, z). Así, cuando se llama a este módulo, los valores indicados en la llamada se inscriben en las variables de "*cube*" del script:

```
CUBIC(10,20,5);
```

o con otros valores:

```
CUBIC(5,10,25);
```

Los módulos configurables pueden resultar muy útiles en las iteraciones que acabamos de ver, ya que permiten modificar constantemente los valores de un mismo objeto.

El pequeño bucle "*for*" que se muestra a continuación demuestra la utilidad de un cubo configurable, definido en el módulo CUBIC(...);

```
for(i=[0:10]){
    translate([0,0,-i*5])
    CUBIC(i*3,i*10,5); }
```

Aquí tenemos una bonita pirámide obtenida con solo tres líneas de código.

Escuadras de fijación configurables

Este script permite crear una escuadra de fijación cuyas dimensiones se pueden ajustar simplemente modificando las variables de ancho y largo ("*larg, long*"). De este modo, es posible crear escuadras de diferentes tamaños manteniendo unas proporciones constantes y un diseño coherente.

Imaginemos que tenemos que imprimir varias escuadras de fijación para diferentes estanterías. A continuación se explica cómo generar estas escuadras con nuestro módulo.

```
module ESCUADRA(larg,long){
  $fn=60;
  module FIX(){
  difference(){
  hull(){
  cylinder(r=larg/2,h=3,
  center=true);
  translate([long,0,0])
  cube([1,larg,3],
  center=true);}
  translate([0,0,-1])
  cylinder(r=1+larg/5,h=3*2,
  center=true);}}
  FIX();
  translate([long,0,long-3/3])
  rotate([0,90,0])
  FIX();}
```

Bibliotecas OpenSCAD

En Internet se pueden encontrar numerosas "bibliotecas" (*libraries*) para OpenSCAD, diseñadas para facilitar la creación de tornillos, tuercas, etc.

En realidad, estas bibliotecas no son más que scripts OpenSCAD, como por ejemplo "*mi_biblio.scad*". Dicho esto, es perfectamente posible escribir nuestras propias bibliotecas.

Los módulos dinámicos que hemos visto ofrecen la posibilidad de crear nuestras propias bibliotecas, lo que simplifica las operaciones complejas o repetitivas en nuestros scripts.

Para acceder a ellas, utilizaremos la instrucción "***include***", que nos permite llamar a nuestra biblioteca de la siguiente manera y sin puntuación al final:

```
include <lib/mi_biblio.scad>
```

Nota: *Una biblioteca no es más que un simple script* ".scad" *guardado en algún lugar de su ordenador.*
En enuestro ejemplo, "<lib/" *en la instrucción* "include" *corresponde a la ruta de acceso a la carpeta donde se encuentra su archivo* "mi_biblio.scad".

A continuación un ejemplo de biblioteca que permite crear engranajes.
Incluya su biblioteca al comienzo del script, de la siguiente manera:

```
include <lib/ENGRANAJES.scad>
```

El siguiente código producirá los dos engranajes ilustrados más abajo:

```
<include ENGRANAJE.scad>
  ENGRANAJE(20,5,10);
  translate([10.75,0,0])
  rotate([0,0,18])
  ENGRANAJE(10,5,10);
```

Los tres valores incluidos en la instrucción "ENGRANAJE(A,B,C);" son:

A: número de dientes;
B: grosor en mm;
C: escala (valor inicial = 10)

Todos estos valores pueden modificarse según sea necesario. Pues, si es necesario, puede perforar agujeros para los ejes de sus engranajes, utilizando la instrucción "*difference*".

Aquí está el código de esta biblioteca:

```
module
ENGR(n=0,thk=0,sc=0){
r = n*1.5;

module DIENTES(){
   sz= 5;
   sx= 3;
   th= thk;
   of= 5;

   hull(){
   translate([0,0,th/2])
   cube([sz,sz,th],center=true);
   translate([of,0,th/2])
   cube([sx,sx,th],
   center=true);}}
   // n = nombre de dents
   for(i=[0:n])
   rotate([0,0,i*360/n])
   translate([r,0,0])
    DIENTES();
   cylinder(r=r,h=thk);}

module
ENGRANAJE(n=0,thk=0,sc=0){
   sc = sc*0.0204;
   scale([sc,sc,1])
   ENGR(n=n,thk=thk);}
```

Nota: *Si su biblioteca se encuentra en otra carpeta, no olvide indicar la ruta que conduce a ella:*
include <...ruta.../ENGRANAJE.scad>

Consejos y pistas

A veces nos encontramos con pequeños problemas que hacen que el resultado obtenido no sea el esperado.

Es molesto, revisamos todo el script y todo está correcto. Nuestro código es perfecto, pero sigue habiendo ese inconveniente.

Un caso típico al que todos nos hemos enfrentado al empezar con OpenSCAD es la "imagen semi-transparente" que se obtiene al realizar una perforación utilizando la instrucción "*difference*":

```
difference(){
cube([20,20,20]);
translate([0,2.5,2.5])
cube([20,15,15]);}
```

Esto se debe a que el objeto perforador tiene exactamente las mismas dimensiones que el objeto perforado en el sentido de la perforación. Esta diferencia nula entre los dos objetos genera ese extraño "efecto centelleante".

Pero cuando se solicita la compilación en STL (F6), todo vuelve a la normalidad. Solo la visualización del renderizado de nuestro script (F5) provoca este molesto efecto.

Veamos cómo resolver este pequeño problema con dos modificaciones menores en nuestro código:

1. Aumentar el tamaño del objeto perforador de al menos dos milímetros.

2. Desplazar el objeto perforador con la instrucción "*translate*" de manera que sobresalga ligeramente por ambos lados del objeto a perforar:

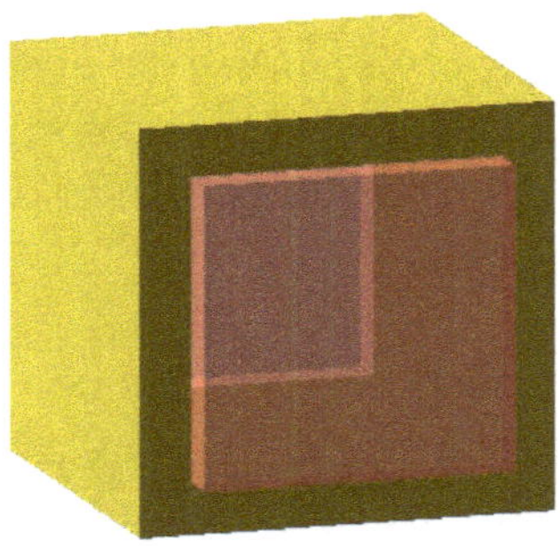

```
difference(){
cube([20,20,20]);
translate([-2,2.5,2.5])
# cube([24,15,15]);}
```

Aquí vemos el resultado de esta modificación.

Y es aquí es donde entra en juego el famoso signo almohadilla "#" para verificar la posición de nuestro elemento perforador.

El signo "#" es, por cierto, una de las herramientas esenciales para localizar los objetos perforadores que plantean problemas en un código con numerosas superposiciones y perforaciones.

Un poco de práctica

Ahora que hemos examinado en detalle los principales comandos e instrucciones de OpenSCAD, aquí hay tres ejemplos concretos de código, correspondientes a los tipos de objetos que tendrá que modelar. Una cosa importante es organizar su proyecto en módulos.

En primer lugar, se trata de planificar su proyecto como una secuencia de módulos y, a continuación, reunirlos en un módulo final que agrupe todos los objetos del proyecto y los coloque en la posición correcta unos respecto a otros.

A continuación vemos el módulo final, incluyendo todos los módulos del proyecto colocados entre llaves:

```
module MOD_FINAL()
{ <modulos del grupo> }
```

Para ver el resultado final, llame a su módulo fuera del módulo principal:

```
MOD_FINAL();
```

Al introducir el código, puede escribir las instrucciones línea por línea o una tras otra. Preste mucha atención a los signos: comas, puntos y comas, paréntesis, corchetes y llaves. Los paréntesis, corchetes y llaves siempre deben abrirse y cerrarse por pares.

Recordemos que el editor de OpenSCAD señala los paréntesis, llaves y corchetes correspondientes al colocar el cursor sobre uno de ellos.

Si se pierde en su código, puede utilizar el signo almohadilla (#), que hará visible y translúcido el objeto en cuestión, incluso si se ha vuelto invisible debido a una instrucción como "*difference*" o "*intersection*".

Experimente con los scripts que le hemos presentado, cambiando los valores indicados…

Disfrute...

Como primer proyecto:
un guía-filamento para su impresora 3D.

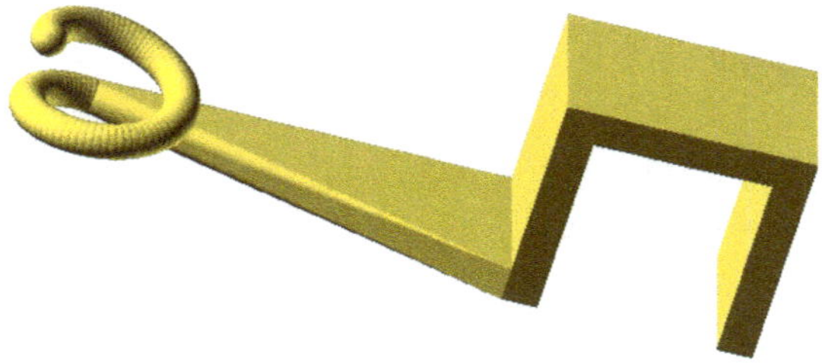

El módulo SPIRAL
En esta pieza, la parte más interesante es el comando de iteración "*for*", que se ejecutará 90 veces. El comando "*rotate*" hará girar la esfera (de radio "*v*") alrededor del eje "*X*", mientras que "*translate*" generará el movimiento en espiral gracias al eje "Z". El resultado es una bonita espiral ascendente.

El módulo FIX
Se trata simplemente de un montaje de tres "*cube*", que forman un elemento de fijación de nuestra guía de filamento.

El módulo FILGUIDE
Aquí, primero creamos un elemento de conexión entre la pieza de fijación y la espiral, envolviendo, gracias a un "*hull*", una pequeña esfera cuyo radio es el mismo que el de nuestra espiral, con un "*cubo*" del mismo ancho que el elemento de fijación. Integramos en FILGUIDE los módulos "SPIRAL" y "FIX", y ya tenemos nuestra pieza terminada.
La llamaremos fuera de los módulos:

```
FILGUIDE();
```

```
    $fn = 60;
    v = 2.5;

module SPIRAL(){
    translate([0,0,-10 ])
    for (i = [1:90])
    {rotate([i*5, 0, 0])
    translate([i*0.15,0 ,10])
    sphere(v);}}

module FIX(){
    translate([-2.5,60,-24])
    cube([30,5,24.5]);
    translate([-2.5,60,-24])
    cube([5,32.5,24.5]);
    translate([-2.5+30,60,-24])
    cube([5,32.5,24.5]);}

module FILGUIDE(){
    SPIRAL();
    translate([0,0,10])
    rotate([0,90,0])
    hull(){
    translate([10,0,0])
    sphere(v);
    translate([10,57.5,-2.5])
    cube([24,3,5]);}
    translate([90,60,0])
    rotate([0,0,90]) FIX();}

FILGUIDE();
```

El modelado 3D concierne sobre todo a los objetos mecánicos, definidos con precisión en los esquemas técnicos...

Pero, ¿qué pasa con las formas más libres, los objetos con un poco más de fantasía, más lúdicos?
Nos hemos fijado en una simpática mascota que podría ser objeto de nuestros experimentos: el conejo.

El conejo, que es un ser redondo, un poco gordito y con grandes orejas, supone un verdadero desafío frente a tanta tecnología

Entonces aquí lo esencial son los comandos "*sphere*". Así que empezamos a yuxtaponer esferas que deformamos aplicando "*scale*" en determinados ejes.
Luego, para evitar formas ovoides demasiado regulares, unimos ovoides con un "*hull*", como por ejemplo entre el cuerpo y la cabeza de nuestro conejo.
Para las orejas, se intercalan dos ovoides casi idénticos, o más bien se excavan, utilizando la instrucción "*difference*".

¡Y aquí está el conejo!
No olvide que, para ver el resultado, hay que llamar al último módulo:

```
CONEJO();
```

Encontrará el código en la página siguiente.

El código de nuestro conejo !

```
  $fn = 70;
module CUERPO(){
   hull(){
   rotate([0,20,0])
   scale([2,1.5,1])
   translate([0,0,0])sphere(20);
   rotate([0,-20,0])
   scale([2,1.5,1])
   translate([-10,0,25])
   sphere(10);}
   translate([39,0,-5])
   sphere(8);}

module OREJA(){
   difference(){
   translate([-5,-10,30])
   rotate([13,70,0])
   scale([0.5,0.5,2])
   sphere(15);
   scale(0.95)
   translate([-4,-15,35])
   rotate([20,70,0])
   scale([0.5,0.5,2])
   sphere(15);}}

module PATA(){
   translate([0,12,3])
   rotate([10,0,0])
   difference(){
   hull(){
   translate([0,0,-25])
   scale([3,1,2])
   sphere(5);
   translate([-15,3,-30.4])
   sphere(5);}
   rotate([-10,0,0])
   translate([-23,0,-37])
   cube([40,20,8]);}}
```

Y aqui, el módulo CONEJO, que combina los módulos CUERPO, OREJA y PATA para crear a nuestro conejito regordete.

```
 module CONEJO(){
CUERPO();
 PATA();
mirror([0,1,0]) PATA();
 OREJA();
 mirror([0,1,0]) OREJA();
 translate([-33,-8,22])
 sphere(4);
 translate([-33,8,22])
 sphere(4);}
```

El proyecto siguiente es un soporte para pasta y cepillos de dientes.

Incluye cuatro módulos: PBOX, BTUBE, PLACA y DENTKIT; este último combina los tres módulos anteriores. Aquí está su descripción:

El módulo PBOX
Comenzamos con una instrucción "*minkowski*" que combina un "*cube*" con una "*sphere*" para redondear las esquinas. Debajo de esta, colocamos un segundo sistema "*minkowski*", que corresponde al interior de la caja, esta vez con un "*circle*" para redondear también los ángulos. Todo esto está englobado por una instrucción "*difference*", que vacía el interior de la caja. La variable "*ofs*" (de offset) se utiliza para gestionar el tamaño del segundo sistema "*minkowski*", destinado a ahuecar la caja.
Tres "*cylinder*" con un diámetro de 5 mm crean perforaciones para drenar el agua.

El módulo BTUBE
Este módulo crea un cilindro diseñado para sostener cepillos de dientes. Comienza con un "*cylinder*" con una "*sphere*" incrustada en su base. Luego, se utiliza un segundo "*cylinder*" para vaciar el interior del tubo mediante el comando "*difference*". La variable "*ofs*" se utiliza para ajustar los diámetros.
También incluye una perforación para el drenaje de agua.

El proyecto DENTKIT es un soporte de pared diseñado para sostener un tubo de pasta de dientes y varios cepillos. Incluye casi todos los comandos presentados hasta ahora. Este proyecto consta de tres módulos, que analizaremos en detalle

```
  $fn = 60;

module PBOX(){
  ofs = 2;
  difference(){
  minkowski(){
  cube([40+ofs,27+ofs,62]);
  sphere(4);}
  translate([ofs/2,ofs/2,0])
  minkowski(){
  cube([40,27,68]);
  cylinder(r=3,h=1);}
  translate([-8,-5,59.5])
  cube([55,40,10]);
  translate([8,15,-8])
  cylinder(d=5,h=10);
  translate([21,15,-8])
  cylinder(d=5,h=10);
  translate([34,15,-8])
  cylinder(d=5,h=10); }}

module BTUBE(){
  ofs = 4;
  difference(){
  union(){
  cylinder(d=20+ofs,h=62-10);
  sphere(10+ofs/2);}
  cylinder(d=20,h=62-9);
  translate([0,0,-15])
  cylinder(d=5,h=30-9); }}
```

El módulo PLACA
Se trata aquí de la placa destinada a fijarse a la pared mediante dos ventosas (disponibles en el comercio).
Se comienza con cinco "*cube*", que sirven para fijar la PBOX y los tres BTUBE a la placa.
La placa propiamente dicha se crea con un "*hull*" que engloba cuatro cilindros, con "*h = 3mm*" definiendo el espesor de la placa.
A continuación encontramos dos CLIP, generados por el módulo CLIP, (integrado en el cuerpo del módulo PLACA). Este último sirve para definir las aberturas necesarias para insertar las ventosas.

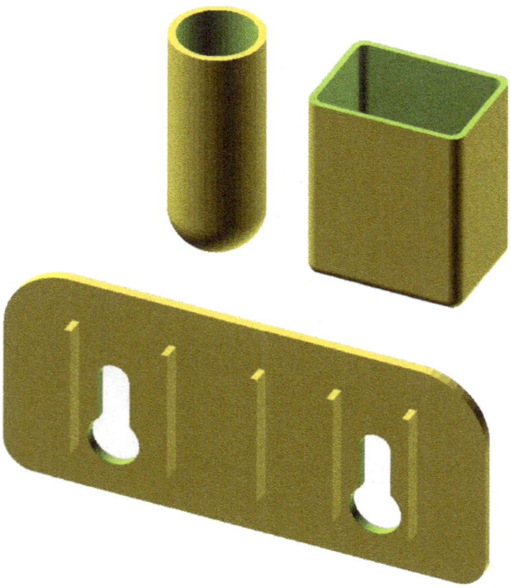

Los módulos que componen DENTKIT.

```
module PLACA(){
  translate([20,-6,12])
  cube([2,40,8]);
  translate([48,-6,12])
  cube([2,40,8]);
  translate([-50,-6,12])
  cube([2,40,8]);
  translate([-28,-6,12])
  cube([2,40,8]);
  translate([-6,-6,12])
  cube([2,40,8]);
  difference(){
  hull(){
  translate([50,27,17])
  cylinder(d=40,h=3);
  translate([-50,27,17])
  cylinder(d=40,h=3);
  translate([61,-10,17])
  cylinder(d=18,h=3);
  translate([-61,-10,17])
  cylinder(d=18,h=3);}
  translate([38,0,4])CLIP();
  translate([-38,0,4])CLIP();}
    module CLIP(){
    translate([0,-2,12])
    cylinder(d=15,h=6);
    hull(){
    translate([0,-2,12])
    cylinder(d=9,h=6);
    translate([0,18,12])
    cylinder(d=9,h=6);
    }} // fin CLIP
  translate([0,-17,22])
  cube([20,3.9645,9],
  center=true); }
```

El montaje final en la página siguiente…

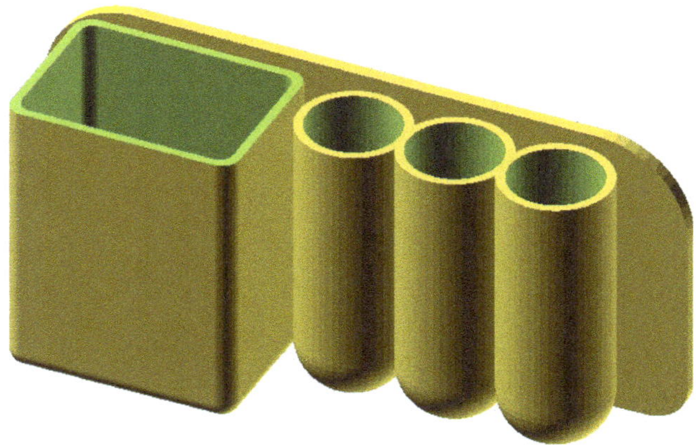

Le module DENTKIT
Para terminar, este módulo reúne los módulos anteriores para formar el objeto final: el soporte mural para dentífrico y cepillos de dientes.
Con algunas modificaciones sencillas en este módulo, es fácil hacer evolucionar las características del objeto, por ejemplo reduciendo o aumentando el número de soportes para los cepillos.

```
module DENTKIT(){
  translate([14,4,4]) PBOX();
  translate([-5,12,11.5])
  BTUBE();
  translate([-27,12,11.5])
  BTUBE();
  translate([-49,12,11.5])
  BTUBE();
  translate([0,12.5,0])
  rotate([90,0,0])
  translate([0,16.5,0])
  PLACA();}
```

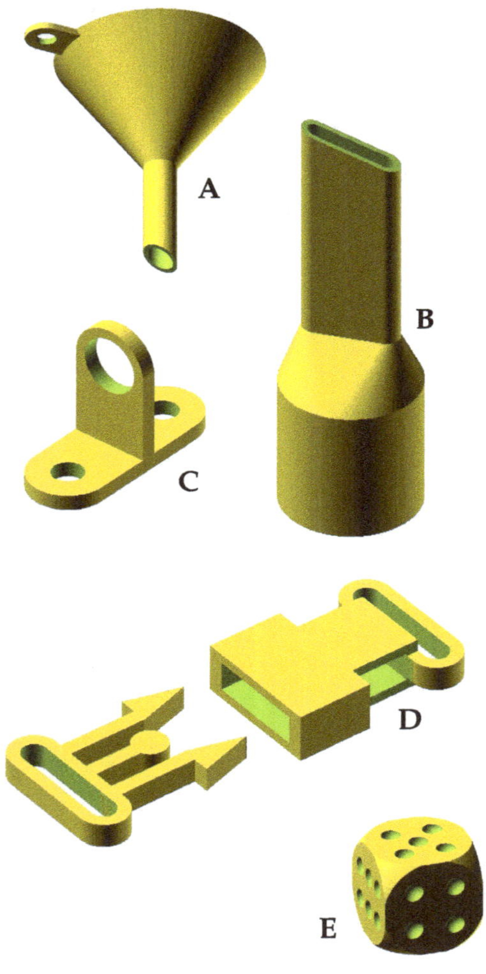

Creación de objetos cotidianos.

Trate de diseñar algún objeto de su entorno cotidiano utilizando los comandos que hemos estudiado.

Aquí tiene, por ejemplo, algunos objetos para inspirarle:

A. Un embudo multiusos, compuesto por un cono y un cilindro.
Para crear la cavidad interior, se parte de la forma exterior del embudo, que se reduce ligeramente con un "*scale*" y luego se vacía el interior utilizando una "*difference*" con esta forma reducida.

B. Una extensión para la manguera de una aspiradora, donde el tubo aplanado se crea con dos cilindros unidos por un "*hull*". La cavidad interior se crea reduciendo la forma exterior con un "*scale*" y luego extruyéndola con una "*difference*".

C. Un soporte de pared sencillo para una barra de cortina.

D. Un clip para una correa o un cinturón: la parte macho se engancha en la parte hembra. Utiliza solamente comandos "*hull*" y "*difference*", pero puede que no sea tan sencillo como parece... ¡inténtelo!

E. A continuación, un dado, obtenido mediante la intersección de una "*sphere*" y un "*cube*".

Organizando un proyecto

Desde proyectos pequeños y sencillos hasta los diseños más elaborados, es fundamental tener una idea clara de lo que se quiere lograr.
Para ello, simplemente adopte un enfoque metódico. A menudo, su proyecto aspira a convertirse en el prototipo de un objeto destinado a la comercialización.

La fase de modelado es el paso ideal para perfeccionar su diseño, ajustándolo progresivamente mediante pruebas funcionales y avanzando así paso a paso hacia una solución óptima.

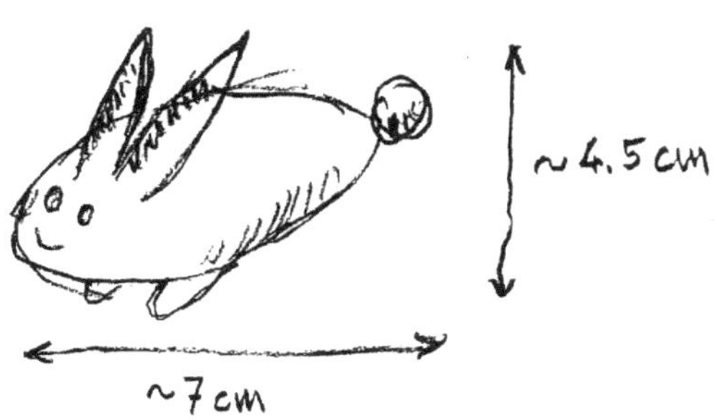

Elementos que componen su proyecto
Su proyecto puede constar de una sola pieza o de un volumen formado por diferentes elementos combinados..

Dimensiones y escalas
Lo importante es conocer el tamaño del objeto o, si implica ensamblar varios, definir con precisión sus dimensiones.

Bocetos y planos
Este es el paso más importante en la preparación de su proyecto.
Comience creando un boceto de su objeto lo más detallado posible. Intente indicar las espesores, alturas y diámetros de los cilindros o esferas que componen su proyecto.
Todo depende, por supuesto, de la naturaleza del proyecto. Si tiene varios elementos para agrupar, comience por definir cada uno por separado. Incluso para un diseño muy simple, como el conejo cuyo guion ya hemos visto en estas páginas, un simple boceto y una idea general son suficientes para guiarle al escribir el código.
Las coordenadas X, Y y Z visibles en la ventana de renderizado, con sus graduaciones (cada 10 mm), que le permiten orientarse fácilmente.

Si se trata de un mecanismo o de una pieza de repuesto para un objeto roto, haga un boceto. Añada cotas al dibujo para definir con precisión las dimensiones.

Tenga en cuenta que la precisión de las impresiones FDM con una boquilla (*nozzle*) de 0,4 mm es de ± medio milímetro.

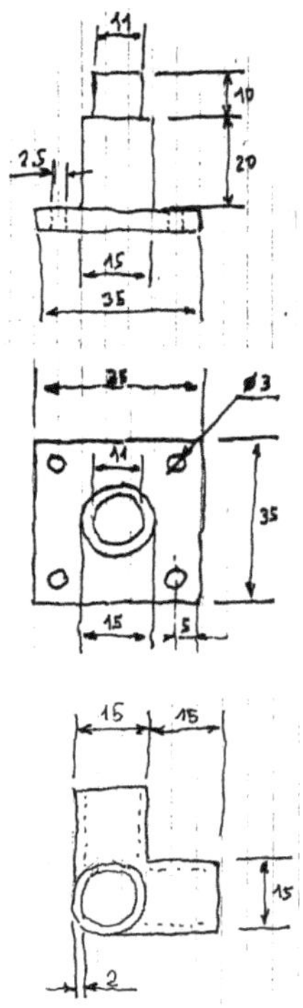

```
module BASE(){
  tolerance = 0.5;
  difference(){
  translate([-17.5,-17.5,0])
  cube([35,35,5]);
  translate([35/2-5,-35/2+5,-2])
  cylinder(d=3,h=10);
  translate([-35/2+5,-35/2+5,-2])
  cylinder(d=3,h=10);
  translate([35/2-5,35/2-5,-2])
  cylinder(d=3,h=10);
  translate([-35/2+5,35/2-5,-2])
  cylinder(d=3,h=10);}
  cylinder(d=15,h=25);
  cylinder(d=11-tolerance,h=35);}
```

Utilizar variables como *"radio"*, *"tubo"* o *"tolerancia"* pueden ayudarle en su programación, ya que facilitan la identificación de los valores comunes utilizados en los comandos de su script. Si estas variables se definen fuera de los módulos, se aplican a todo el proyecto, incluyendo asi todos los módulos que lo componen.

```
  rayon = 7.5;
  tube = 15+rayon;
  tolerance = 0.5;

module TRITUBE(){
  difference(){
  union(){
  sphere(rayon);
  cylinder(d=15,15+rayon);
  rotate([90,0,0])
  cylinder(d=15,15+rayon);
  rotate([0,90,0])
  cylinder(d=15,15+rayon);}
  sphere(rayon-1);
  cylinder(d=11-tolerance,15+rayon+0.1);
  rotate([90,0,0])
  cylinder(d=11-tolerance,15+rayon+0.1);
  rotate([0,90,0])
  cylinder(d=11-tolerance,15+rayon+0.1);}}
```

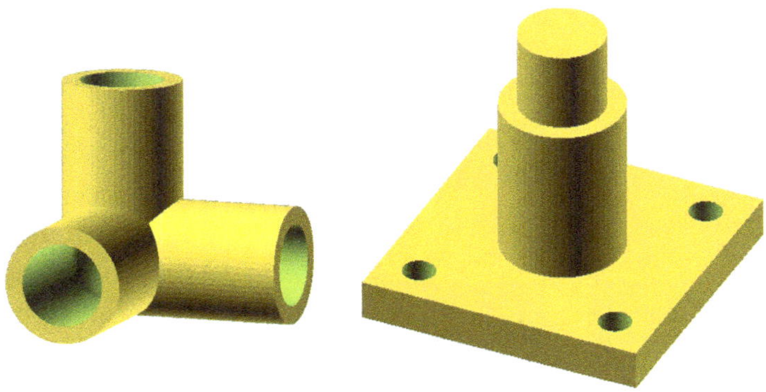

Si su objeto tiene perforaciones para alojar ejes o varillas, estas siempre deben tener un diámetro aproximadamente medio milímetro mayor que el de la pieza que las atravesará.
También se recomienda realizar impresiones de prueba con piezas pequeñas que repliquen exactamente cada situación para verificar los ajustes antes de imprimir el objeto completo.

También es importante anticipar los posibles problemas que puedan surgir durante la impresión. Considere la superficie de apoyo de la pieza, las zonas angulares que requieren soportes y la orientación general del objeto durante el proceso. Por ejemplo, nuestro conejo cuyo código le hemos presentado se imprimió en posición vertical, apoyado sobre su hocico, una postura que facilitó la operación de retirar los soportes una vez terminada la impresión.

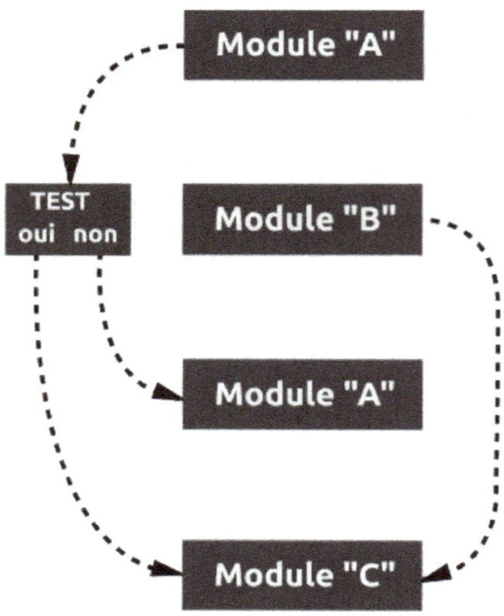

Para proyectos con muchos módulos, es muy recomendado planificar por adelantado. Esto es especialmente útil si necesita realizar pruebas durante la programación. Un buen planning le permitirá organizar mejor su tiempo de trabajo: mientras se imprimen las pruebas, se puede trabajar en otros módulos que no están directamente relacionados, optimizando así el progreso general del proyecto.

Montaje y colores

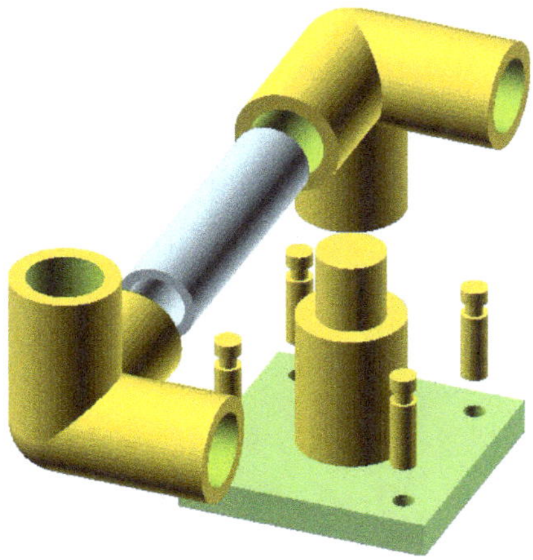

Si ha creado un objeto compuesto por varias piezas que se imprimirán por separado para un montaje posterior, puede utilizar OpenSCAD para generar una maqueta en la que los elementos aparezcan posicionados entre sí. También puede crear vistas en explosión de un mecanismo, como se muestra aquí.

OpenSCAD ofrece la opción de colorear sus piezas individualmente para obtener una vista previa coloréeada de su diseño. Disponemos de la instrucción color para este fin:

```
color("red") cube(20);
```

Puede utilizar los nombres de colores básicos (en inglés): *red, blue, green, orange, yellow, black, pink, white, gray,* etc.
La gama es muy amplia, ya que también puede usar valores RGB:

```
color("#2b9") cube(20);
```

que le dará un azul muy agradable.

```
color("#F0E68C") cube(20);
```

con lo que se obtiene un beige muy suave.

Encontrará miles de matices en:

https://htmlcolorcodes.com

Otro aspecto interesante:
Se pueden obtener colores transparentes, lo que permite efectos visuales muy interesantes. Al incluir 0.4 en sus instrucciones, aplica una transparencia del 40 %.

```
color("green",0.4) cube(20);
```

Nota: *"RGB" (rojo, verde y azul) es la codificación de color estándar para pantallas digitales.*

Aquí tenemos un buen ejemplo del montaje de distintas piezas mecánicas de un proyecto de robótica. En verde oliva se puede ver una placa Arduino, cuyo modelo STL se importó de Internet. Las áreas grises representan las placas de montaje para el ensamblaje. En azul aparecen los servomotores (modelos ficticios STL importados). Las partes móviles de las cuatro patas del proyecto se muestran en verde claro. Finalmente, las pequeñas piezas naranjas son puntos de montaje adicionales para los servos, que carecen de ejes en la parte posterior.

Aquí, una vista detallada del montaje de una de las cuatro patas del robot: a la izquierda, una vista en explosión, y a la derecha, todas las piezas de la pata ensambladas.

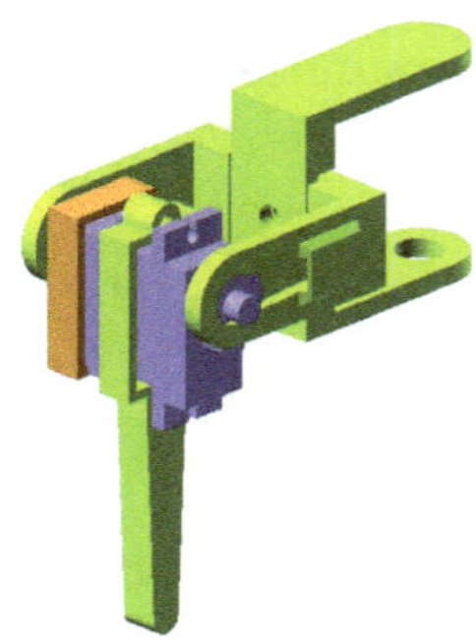

Modificación de un archivo STL

El archivo STL descargado

Un soporte angular recto importado en formato STL para ser modificado.

Comenzamos cortando los extremos de las puntas del soporte, que luego movimos para obtener la longitud deseada. Los huecos resultantes se rellenaron con cubos de las dimensiones requeridas. El agujero hexagonal se creó utilizando un cilindro con la instrucción "*$fn=6*".

Interactuar con nuestro código al importar un archivo STL puede corromper su renderizado al presionar F5 como se ve aqui a la izquierda. Sin embargo, aplicar el renderizado STL con F6 soluciona el problema. Vea la imagen a la derecha.

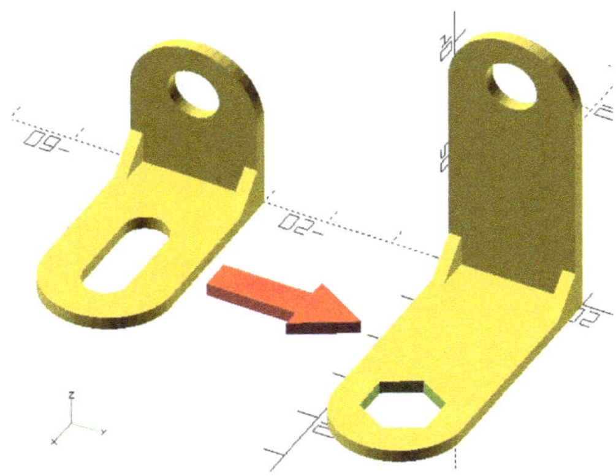

Aqui los dos archivos STL antes y después de la modificación.

Descargue el archivo Equerre.STL desde:
https://www.thingiverse.com/thing:1242188
Descomprímalo y coloque el archivo STL en la misma carpeta que el script de su modificación. El módulo "EQRorig" se utiliza únicamente para importar el archivo STL que queremos modificar. "EQRbase" y "EQRhaut" son los módulos donde se realizan las modificaciones. Para mostrar el resultado:

`EQRmodif();`

```
module EQRorig(){import("Equerre.STL");}

module EQRbase(){
    difference(){
    union(){
    translate([12,6,0]) cube([20,8,2]);
    EQRorig();}
    translate([-2,-1,-1]) cube([10,22,26]);
    translate([26,10,-1])
    // perforación hexagonal
    cylinder(d=12,h=4,$fn=6);}}

module EQRhaut(){
    difference(){
    EQRorig();
    translate([-2,-1,-1]) cube([39,22,8]);}}

module EQRmodif(){
    difference(){
    EQRorig();
    translate([12,-1,-1]) cube([26,22,4]);}
    // añadido prolong. base
    translate([11,0,0]) cube([6,20,2]);
    // añadido prolong. alto
    translate([0,0,12]) cube([2,20,16]);
    translate([8,0,0]) EQRbase();
    translate([0,0,20]) EQRhaut();}
```

Y un poco de animación

Si es aficionado al modelado de robots y otros objetos móviles, le interesará animar sus modelos en la ventana de renderizado de OpenSCAD. La variable especial "*$t*" posibilita la animación.

Con el siguiente código podemos ver el resultado de una imagen animada:

```
    $fn= 30;

module PIN(){
    color("red") cylinder(d=5,h=7);}

module BARRE(){
    difference(){ cylinder(d=10,h=4);
    translate([0,0,-1]) cylinder(d=6,h=6);}
    difference(){ translate([40,0,0]) cylinder(d=10,h=4);
    translate([40,0,-1]) cylinder(d=6,h=6);}
    translate([0,-3,0]) cube([36,6,4]);}
    translate([0,0,-2]) PIN();

module ANIM(){
    rotate([0,0,-$t*360]) color("yellow") BARRE();
    translate([40*cos(-$t*360),40*sin(-$t*360),4])
    rotate([0,0,$t*360]) color("orange") BARRE();
    translate([40*cos(-$t*360),40*sin(-$t*360),2]) PIN();
    let(
    Abscisse = 40*cos(-$t*360)+40*cos($t*360),
    Ordonnee = 40*sin(-$t*360)+40*sin($t*360))
    translate([Abscisse,Ordonnee,8])
    rotate([0,0,$t*1440])  BARRE();
    translate([2*40*cos($t*360),0,6]) PIN();}
```

Y aquí lanzamos la animación con:

```
ANIM();
```

La variable "*$t*" se utiliza un "*rotate*" y un "*translate*" para la animación. "*$t*360*" da como resultado ciclos completos de 360°.

La instrucción "***let***" permite definir variables locales dentro de una función o módulo, lo que permite almacenar valores que pueden usarse en cálculos o expresiones.

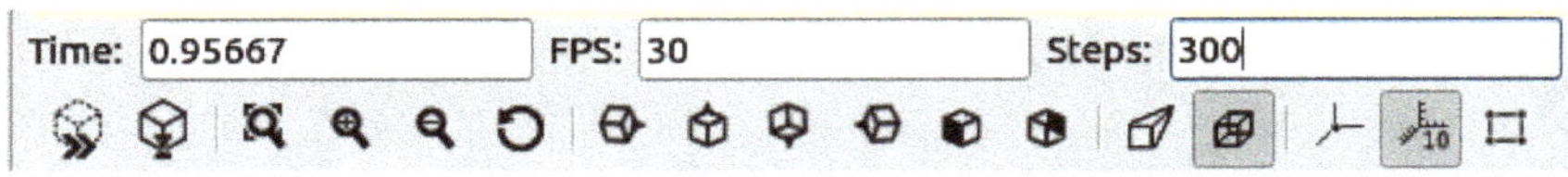

Para activar la animación, abra el menú "*View*" y haga clic en "*Animation*".
En la barra que aparece, introduzca 30 en "**FPS**" y 300 en "**Steps**".

Y aquí el movimiento…

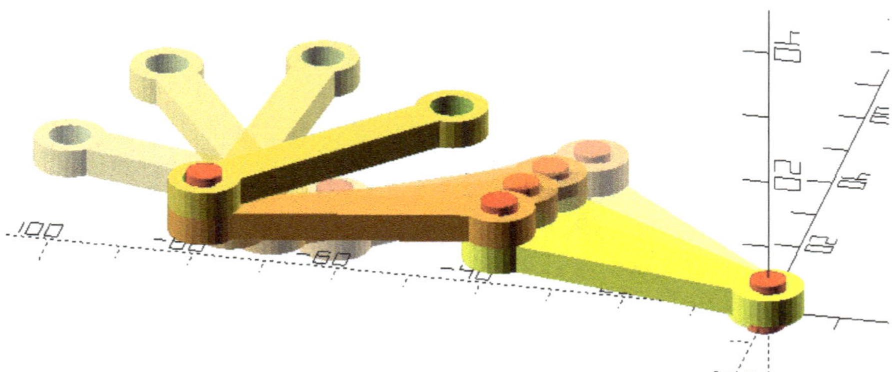

Nota: *"FPS" significa fotogramas por segundo y "Steps" indica el número de pasos por ciclo de 360°.*

Módulo o función

Para evitar toda confusión con los comandos de OpenSCAD, es fundamental especificar claramente que "*function*" otorga un valor, mientras que "*module*" realiza acciones pero no devuelve valores.

Nuestro script muestra que, dentro de una instrucción "*function*", se pueden escribir cálculos o fórmulas matemáticas y almacenarlos en variables.

```
function FUNC1(x=0) = 2*x+1;
function FUNC2() = rands(0,40,1)[0];
function FUNC3($fn) = (rands(0,4,1)[0]);
function FUNC4() = 40*cos(-$t*360);

translate([5,30,0]) cube(FUNC1(10));
translate([-40,-10,0]) cube(FUNC2());
scale(5) sphere(FUNC3(20));
translate([30,FUNC4(),0])
rotate([FUNC4(),FUNC4(),FUNC4()])
cube(20);
scale(5) sphere(FUNC3(20));
```

Copie este código y ejecute la animación, estableciendo "*FPS*" en 10 y "*Steps*" en 100. Esto le permitirá observar el efecto de las funciones en las variables del script.

Y experimente cambiando los valores para ver los resultados.

Etiqueta comercial
A continuación, un ejemplo que muestra cómo usar la instrucción "*function*" para crear una etiqueta de afichaje de precios automática con cálculo de IVA.

```
module AFFPRIX(prht, taux, prod) {
    // calcul TVA avec arrondi 2 décimales
    function VALTVA(prht, taux)
    = round(prht*taux/100*100)/100;
    tva = VALTVA(prht, taux);

    // affichages
    TEXT(tx = prod, tsz=20,pos=20);
    ttc = str(round((prht+tva)*100)/100," € TTC");
    TEXT(ttc, tsz=40,pos=-30);
    tva_str = str("Dont TVA : ",tva," €");
    TEXT(tva_str, tsz=20, pos=-60);
    PLAQUE();} // plaque affichage

module TEXT(tx, tsz, pos) { // module texte
    color("red")
    translate([0,pos,0])
    linear_extrude(height = 5)
    text(str(tx),size=tsz,font="Impact",
    halign = "center");}

module PLAQUE() {
    color("#ff8")
    translate([0,-11,-5])
    minkowski() {
    cube([230, 100, 5], center = true);
    cylinder(d=40,h=5);}}

/**********************************/
AFFPRIX(9.7, 20, "Fraises (1Kg)");
```

Avanzando

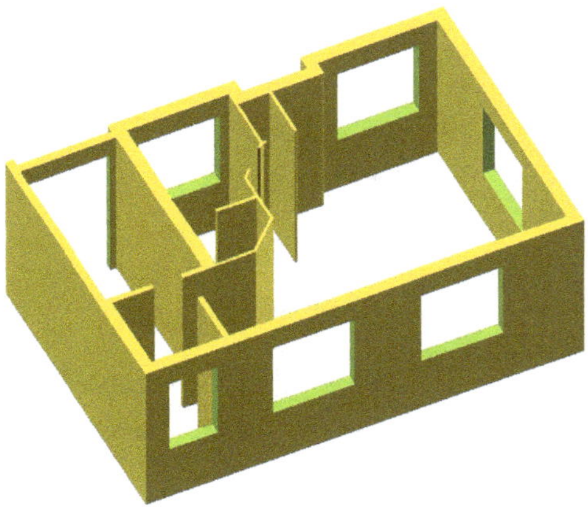

A continuación, exploraremos los diversos aspectos que pueden considerarse en el modelado con OpenSCAD.

Los arquitectos crean modelos de edificios para definir mejor la distribución espacial, la planificación urbana, etc. El modelado 3D puede ofrecer soluciones interesantes para la visualización y la creación de modelos arquitectónicos.

OpenSCAD también permite visualizar planos de edificios en 3D, modelar muebles o experimentar con su distribución.

Una interesante instrucción llamada rands permite crear aglomeraciones urbanas aleatorias con fines experimentales:

```
module CITY(){
  for(i=[1:10]){
  rx = rands(0,20,10)[0];
  ry = rands(0,20,10)[0];
  rz = rands(0,20,10)[0];
  translate([i*5,i*5,0,])
  cube([rx,ry,rz ]);
  translate([i*12,i*3,0,])
  cube([rx,ry,rz ]);
  translate([i*4,i*9,0,])
  cube([rx,ry,rz ]); } }
```

Este tipo de script permite crear numerosas configuraciones urbanas con fines experimentales...

Copie el módulo `CITY()` y ejecútelo de manera repetida...

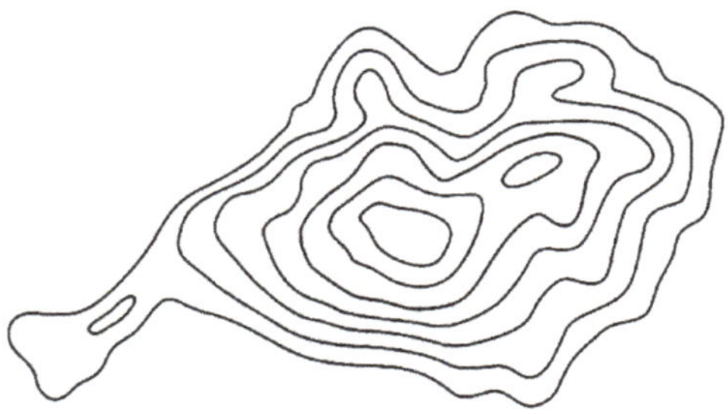

Acabamos de analizar las posibilidades que OpenSCAD ofrece a los arquitectos y, por extensión, hemos considerado la representación de niveles topográficos, que pueden modelarse y visualizarse con nuestro IDE.

El modelo topográfico mostrado arriba se obtuvo vectorizando el dibujo tratado anteriormente con Inkscape. Inkscape, el software de gráficos vectoriales, se presentará en la segunda parte de este libro.

```
haut = 3.5;

linear_extrude(height=haut*7,convexity=10)
import("tsvg/topocurv-01.svg",center=true);

linear_extrude(height=haut*6,convexity=10)
import("tsvg/topocurv-02.svg",center=true);

linear_extrude(height=haut*5,convexity=10)
import("tsvg/topocurv-03.svg",center=true);
     // etc...
```

Avanzando aún más

Las estructuras naturales, como las formas de las plantas, suelen ser el resultado de procesos de crecimiento regidos por reglas relativamente simples. Mediante descripciones geométricas recursivas, el autor de este artículo (cuya dirección se encuentra más abajo) busca reproducir estos procesos de forma simplificada y generar geometrías complejas que evocan estas estructuras naturales.

Este árbol, con toda su red de ramas, es simplemente impresionante y demuestra que los límites de OpenSCAD superan de lejos lo que hubiéramos creído posible con este software.

Sitio web editado por Jochen Kerdels:
https://mastering-openscad.eu/buch/example_08/

Descarga el script de OpenSCAD aquí:
https://robotix.ah-oui.org/openscad

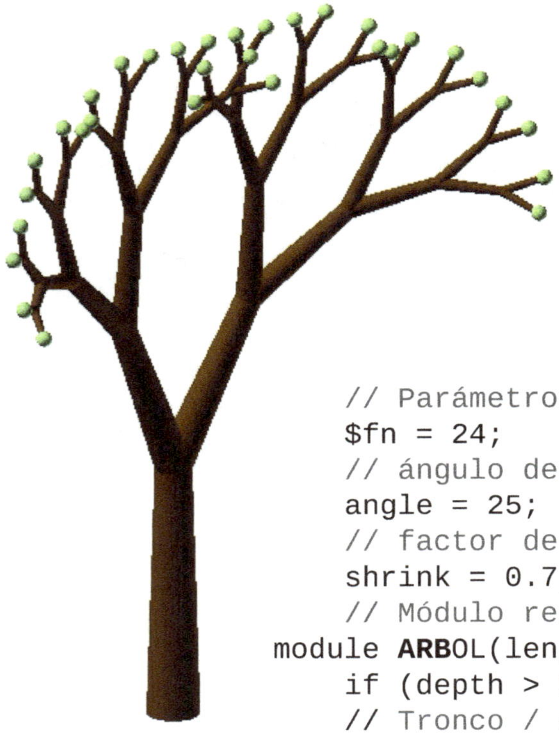

Los matemáticos hablan de estructuras fractales, es decir, objetos matemáticos que presentan una organización similar en todas las escalas. Aquí hay un módulo de OpenSCAD que aplica este principio para crear una estructura de árbol.

Experimente con las variables "*angle*", "*shrink*", "*len*", "*ep*" y "*depth*" para modificar la forma del árbol.
Descargue el script:
https://robotix.ah-oui.org/openscad

```
    // Parámetros simples
    $fn = 24;
    // ángulo de apertura de las ramas
    angle = 25;
    // factor de reducción en cada nivel
    shrink = 0.7;;
    // Módulo recursivo
module ARBOL(len, ep, depth){
    if (depth > 0){
    // Tronco / arbol
    color([0.4,0.25,0.1])
    cylinder(h=len, r1=ep,r2=ep*0.7);
    // Dos subárboles
    translate([0,0,len]){
    rotate([ angle,0,15])
    ARBOL(len*shrink,ep*shrink,depth-1);
    rotate([-angle, 0, -15])
    ARBOL(len*shrink,ep*shrink, depth-1);}
    } else {
    // Follaje simple en el extremo
    color("lightgreen") sphere(d=ep*5);}}

/*****Ejecutar el árbol *****/
    ARBOL(len=20, ep=2, depth=6);
```

Funciones matemáticas

Para todos aquellos que se interesan por las matemáticas, OpenSCAD ofrece una serie de funciones matemáticas integradas.

Aquí daremos un breve panorama de algunas funciones trigonométricas, en particular para mostrarle cómo realizar animaciones 3D en la ventana de renderizado.

Para animar las imágenes, disponemos de la variable especial "**$t**" y de las funciones trigonométricas:
"sin, cos, tan, acos, asin, atan et atan2".
Si le gustan las matemáticas, aquí tiene un magnífico tema de investigación en el ámbito de las animaciones 3D.

Las funciones matemáticas disponibles en OpenSCAD
En este libro no trataremos en detalle las numerosas funciones matemáticas que ofrece OpenSCAD.
Si desea saber más, le recomendamos consultar los enlaces disponibles en el *cheatsheet* (hoja de referencia), que proporcionan todas las explicaciones necesarias.
A continuación encontrará un breve panorama de las posibilidades que ofrecen estas funciones.

abs Función matemática de valor absoluto. Devuelve el valor positivo de un número decimal con signo.

sign Función matemática *signum*. Devuelve un valor unitario que indica el signo de un valor.

sin Función matemática seno, expresado en grados.

cos Función matemática coseno, expresado en grados.

tan Función matemática tangente.

acos Arccoseno matemático, o coseno inverso, expresado en grados.

asin Arcseno matemático, o seno inverso, expresado en grados.

atan Función matemática arcotangente, o tangente inversa. Devuelve el valor principal de la arcotangente de x, expresado en grados. "atan" no distingue entre y/x y –y/–x y devuelve ángulos comprendidos entre –90° y +90°.

atan2 Función matemática atan con dos argumentos, atan2(y, x), que cubre 360 grados. Esta función devuelve el ángulo total entre el eje X y el vector (x, y), expresado en grados, con $-180° < \text{ángulo} \leq 180°$.

floor Función matemática "*floor*" (suelo). "*floor(x)*" es el mayor entero menor o igual que x.

round El operador "*round*" devuelve el entero más próximo. En función del signo de la entrada, se redondea hacia arriba o hacia abajo al entero más cercano.

ceil Función matemática de techo ("*ceiling*"). Devuelve el entero inmediatamente superior, redondeando el valor si es necesario.

ln Logaritmo neperiano (logaritmo natural).

len Función de longitud. Devuelve la longitud de un vector, de una tabla (*array*) o de una cadena de caracteres.

let Asignación secuencial de variables en una expresión. La expresión que sigue se evalúa en el contexto de las asignaciones "*let*" y puede utilizar estas variables. Esto es especialmente útil para hacer más legibles las expresiones complejas asignando resultados intermedios a variables.
(*Disponible desde la versión 2015.03*).

log Logaritmo matemático en base 10.

pow Función matemática potencia.
Desde la versión 2021.01, se puede utilizar el operador de exponentiación "^" en su lugar.

sqrt Función matemática raíz cuadrada.

exp Función matemática exponencial. Devuelve la función exponencial de base e de x, es decir, el número e elevado a la potencia x.

rands Generador de números aleatorios. Genera un vector constante de números pseudoaleatorios, a modo de tabla. Estos números son de tipo "double" y no enteros.
Cuando se genera un solo número, siempre se accede a él con el índice [0]. Los números aleatorios generados forman un intervalo semiabierto: cada uno es mayor o igual que el mínimo y estrictamente menor que el máximo.
Ejemplo : `var_rand = rands(0,10,1)[0];`

min Devuelve el mínimo de los parámetros. Si solo se le pasa un vector como parámetro, devuelve el elemento mínimo de ese vector.

max Devuelve el máximo de los parámetros. Si solo se le pasa un vector como parámetro, devuelve el valor máximo de ese vector.

norm Devuelve la norma euclidiana de un vector:

$$\mathbf{norm}(v) = \sqrt{v_0^2 + \cdots + v_{n\ 1}^2}$$

Devuelve la longitud numérica real, mientras que len() devuelve el número de elementos del vector o de la tabla.

cross Calcula el producto vectorial de dos vectores en el espacio 3D o 2D. Si los dos vectores están en 3D, el resultado es un vector perpendicular a ambos vectores de entrada.
Si los dos vectores están en 2D, su producto vectorial es de la forma [0, 0, z] y la función "cross" devuelve únicamente el valor z del producto vectorial:

```
cross([x,y], [u,v]) = x*v - y*u
```

Obsérvese que se trata del determinante de la matriz 2×2 [[x,y], [u,v]]. El uso de otros tipos, de vectores de longitud distinta de 2 o 3, o de vectores de longitudes diferentes, produce "*undef*".

Resumen de los comandos

Aquí tienes un breve resumen de los comandos e instrucciones que hemos presentado en este libro.
Estamos convencidos de que, con apenas una veintena de comandos e instrucciones, recopilados aquí, se abren grandes posibilidades de creación 3D.
Si desea ir más lejos, más allá de los conocimientos de codificación adquiridos hasta ahora, puede consultar la amplia documentación propuesta por los creadores de OpenSCAD.
Un arsenal de instrucciones avanzadas en matemáticas, trigonometría y lógica está a su disposición para estimular su creatividad (ver pag. 127).
OpenSCAD permite crear modelos 3D gracias al arte de la geometría constructiva de sólidos. Abre un mundo de creatividad donde la creación se asemeja a un juego de Lego.

2D los ejes X Y

square Crea un cuadrado o un rectángulo. Si la condición "center = true" el cuadrado se centra en el origen de las coordenadas.

```
square([X,Y],center=true);
```

circle Crea un círculo en el origen. Todos los parámetros, excepto "r" (valor por defecto), deben estar nombrados.

```
circle(d=<val>,center=true);
```

polygon Genera un conjunto de líneas mediante una secuencia de vectores de coordenadas [x,y], que trazan el contorno de una figura. Cada trazado debe ser un bucle cerrado que conecte el último punto con el primero.

```
polygon([[x1,y1],...[xn,yn]]);
```

text Le module de texte crée du texte sous la forme d'un objet géométrique 2D, en utilisant des polices installées sur le système local.

```
text("abcdefg...", paramètres);
```

3D los ejes X Y Z

cube CréCrea un cubo o un prisma rectangular. Cuando "*center=true*", el cubo se centra en el origen.

```
cube([x,y,z],center=true);
```

cylinder Crea un cilindro o un cono. Radio "r", diámetro "d" y altura "h". El cilindro se centra en el origen, cuando "*center=true*", .

```
cylinder(d=<val>,h=<val>);
```

sphere Crea una esfera en el origen del sistema de coordenadas. El nombre del argumento "r" (valor por defecto) es opcional. Para usar "d" en lugar de "r", "d" debe estar nombrado.

```
sphere(d=<val>);
```

Combinaciones

difference Sustrae el segundo nodo hijo (véase el glosario) y todos los siguientes del primero (lógica AND u OR). Puede utilizarse con objetos 2D o 3D, pero no juntos.

intersection Crea la intersección de todos los nodos hijos. Conserva únicamente la parte que se superpone. Solo se mantiene la zona común a todos los hijos. Puede utilizarse con objetos 2D o 3D, pero no juntos.

```
intersection(){...}
```

union Crea la unión de todos sus nodos hijos.
Es la suma de todos los hijos.
Puede utilizarse con objetos 2D o 3D,
pero no juntos..

```
union(){...}
```

hull Crea la unión de todos sus nodos hijos. Es la suma de todos los hijos. Puede utilizarse con objetos 2D o 3D, pero no juntos.

```
hull(){...}
```

minkowsky Redondea los bordes de un objeto dado combinándolo con un "*circle*" o "*sphere*" situados en sus aristas.

```
minkowsky(){...}
```

Operaciones

translate Desplaza su nodo hijo según los valores indicados en los ejes X, Y y Z.

```
translate([X,Y,Z])...
```

rotate Gira su nodo hijo según los valores indicados alrededor de los ejes X, Y y Z.

```
rotate([X,Y,Z])...
```

scale Modifica la escala de su nodo hijo según los valores indicados en cada uno de sus ejes X, Y y Z.

```
scale([X,Y,Z])...
```

resize Modifica el tamaño de su nodo hijo según los valores indicados en los ejes X, Y y Z.

```
resize([X,Y,Z])...
```

mirror Crea una simetría en un plano marcado con un "1" en uno de los ejes X, Y o Z, mientras que los otros dos quedan marcados con un "0".

```
mirror([X,Y,Z])...
```

linear_extrude Extruye una figura 2D para convertirla en 3D según la altura y parámetros indicados.

```
linear_extrude(<paramètres>)...
```

rotate_extrude Extruye una figura 2D alrededor del eje Z para formar un sólido con simetría de rotación.

```
rotate_extrude(<angle>)...
```

Iteración

for El bucle "*for*" es una estructura de control que permite repetir la ejecución de una secuencia de instrucciones controlada por una variable.

```
for(<var>=[comienzo,paso,fin]){...}
```

Otros comandos

color Atribuye un color a un objeto:

```
color("orange" sphere(20);
```

import Permite importar archivos 2D en formato "*.svg*", "*.dxf*" y archivos 3D "*.stl*". Es importante indicar correctamente la ruta donde se encuentra el archivo.

```
import("ruta/achivo.stl");
```

include Llama a un archivo OpenSCAD que se encuentra en el ordenador y permite integrarlo en el código. Es importante indicar correctamente la ruta donde se encuentra el archivo. *¡Sin punto y coma al final!*

```
include <ruta/achivo.scad>
```

rands Genera un número aleatorio (*random*).

```
var = rands(0,20,10)[0];
```

Softwares asociados

Los siguientes programas pueden ofrecer servicios necesarios o complementarios para nuestro proceso de modelado 3D. Al igual que OpenSCAD, todos los programas presentados aquí son de código abierto (*Open Source*), cuyas licencias cumplen con los criterios establecidos por la *Open Source Initiative* y están disponibles gratuitamente para el público. Todos estos programas son multiplataforma, disponibles en MS Windows, macOS y Linux. Encontrará las URL de los sitios oficiales de los programas mencionados aquí.

Inkscape
Este software está destinado al dibujo vectorial.
Su interfaz permite crear diferentes objetos, incluidos dibujos a mano alzada, directamente en la pantalla de un ordenador o una tableta gráfica.
Gestiona curvas Bézier, segmentos rectos, trazos caligráficos, rectángulos y cuadrados, y ofrece una serie de formas predefinidas para componer imágenes.
También permite vectorizar imágenes directamente a partir de archivos "*.jpg*", "*.png*" o "*.gif*".
Sitio official : *https://inkscape.org*

FreeCAD
Inicialmente destinado al diseño mecánico, FreeCAD se extendió después a otros ámbitos de la ingeniería, como la arquitectura. Posee una estructura modular y tiene la vocación de convertirse en un software de modelado más generalista. Los usuarios pueden ampliar sus funciones mediante la instalación de diversos plugins. En relación con OpenSCAD, FreeCAD permite crear planos técnicos y proyecciones isométricas muy precisas a partir de obj etos 3D importados en formato ". *stl* ", que luego pueden guardarse en formato ". *pdf* ".
Sitio official : *https://www.freecad.org*

Qcad
La utilidad de Qcad para nuestros proyectos realizados con OpenSCAD radica en que permite medir y añadir cotas a planos gráficos (dibujos técnicos) obtenidos mediante la conversión en dibujo técnico de archivos "*.stl*" importados en FreeCAD. Es un software bastante fácil de utilizar y resulta interesante para quienes necesitan descripciones técnicas con cotas exactas de sus creaciones.
Sitio oficial: *https://www.qcad.org/fr*

PrusaSlicer
En la impresión 3D de tipo FDM (que significa *Fused Deposition Modeling*), una tecnología de fabricación aditiva), un *slicer* (o software de corte, también llamado "trancheador") es una herramienta indispensable para convertir los modelos 3D creados en OpenSCAD en un formato legible por las impresoras 3D.
El *slicer* transforma los archivos "*.stl*" en archivos "*.gcod*", que controlan la impresión.
Los slicers más conocidos son: *Slic3r, Cura, PrusaSlicer* y varios de sus derivados.
Sitio oficial: *https://prusaslicer.net*

OctoPrint
Aquí tenemos una aplicación que permite controlar una impresora 3D a distancia mediante una conexión Wi-Fi. Ofrece una gestión completa de la impresora: transferencia de archivos "*.gcod*" a la máquina, control de las temperaturas de la base y de la boquilla, y visualización en streaming para supervisar la impresión en su ordenador o su *SmartPhone*.
Sitio officiel: *https://octoprint.org*

GeoGebra
Este software de modelado matemático puede resultar muy útil para los aficionados a los mecanismos móviles y a la robótica.
Su principal interés es que permite modelar movimientos y describir con precisión los trazos de las partes móviles. Puede descargarse o utilizarse en línea.
Sitio oficial: *https://www.geogebra.org*

A continuación, algunos programas que podrían captar su atención, pero que no trataremos en este libro.
No obstante, nos ha parecido importante mencionarlos, ya que forman parte de las aplicaciones 3D de primera linea.

GIMP
GIMP es un software de manipulación y retoque de imágenes.
Distribuido bajo licencia GPL, es un programa libre y gratuito.
Es una excelente alternativa al famoso *Photoshop*.
Sitio oficial: *https://www.gimp.org*

Meshlab
MeshLab es un software de código abierto para el tratamiento y edición de mallas triangulares 3D.
Proporciona un conjunto de herramientas para editar, limpiar, reparar, inspeccionar, renderizar, texturizar y convertir mallas.
También ofrece funciones para procesar datos brutos procedentes de herramientas o dispositivos de escaneo 3D, así como para preparar modelos destinados a la impresión 3D.
Sitio oficial: *https://www.meshlab.net*

Blender
Es un software 3D increíblemente potente y versátil, que ofrece posibilidades infinitas para artistas y creadores.
Con Blender puede crear todo lo que imagina: desde el modelado de personajes hasta la animación de videos y *videogames*.
Su uso requiere una formación profunda para dominarlo a nivel profesional.
Sitio oficial: *https://blender3d.fr*

La fotogrametría
He aquí una tecnología relativamente sencilla de utilizar y que puede interesar a los aficionados al modelado 3D.
La fotogrametría consiste en reconstruir un objeto en 3D a partir de un conjunto de fotos tomadas desde distintos ángulos.
La fotogrametría permite hacer escaneos de objetos utilizando una cámara fotográfica o con aplicaciones en su smartphone.

Principio sencillo :
Se toman numerosas fotos del objeto rodeándolo, variando el ángulo y la altura, manteniendo siempre una buena iluminación.

Programas de código abierto como **Meshroom** o **Regard3D** detectan, en todas las imágenes, puntos comunes y referencias visuales, y luego los asocian. Calculan la posición de estos puntos en el espacio mediante triangulación y reconstruyen una nube de puntos. Esta nube se transforma después en una malla (*mesh*), lo que permite obtener un modelo 3D.

Modelado 3D con Meshroom
Meshroom es un software de reconstrucción 3D gratuito y de código abierto, basado en el framework de visión por ordenador fotogramétrico AliceVision.

Fotogrametría con Regard3D
Regard3D es un software libre y gratuito que permite transformar una serie de fotos de un objeto real en un modelo 3D. Basta con tomar unas veinte fotos nítidas del objeto, desde distintos ángulos, procurando cubrir todas sus caras. Estas imágenes se importan luego en Regard3D, que calcula la posición de cada toma, detecta los puntos comunes y genera una nube de puntos y una superficie mallada. El resultado puede exportarse en formato STL, listo para la impresión 3D.

Inkscape

IInkscape es un software de dibujo vectorial. Distribuido bajo licencia GNU GPL, es un programa libre y gratuito. Está disponible en Linux, MS Windows y macOS. Las imágenes vectoriales están formadas por curvas definidas mediante fórmulas matemáticas (curvas de Bézier). Inkscape es, por tanto, especialmente adecuado para la realización de dibujos 2D, que luego pueden transformarse en OpenSCAD. Encontrará toda la información sobre la descarga, la instalación y tutoriales en el sitio oficial de Inkscape.

Inkscape ofrece dos posibilidades destacables para el estudio y el análisis de volúmenes 3D en OpenSCAD:

1. Sus herramientas de dibujo vectorial permiten crear formas geométricas precisas, así como dibujos libres, que luego pueden importarse en OpenSCAD.

2. La posibilidad de vectorizar dibujos y fotografías a partir de imágenes "*.jpg*", "*.png*" o ."*.gif*", gracias a las herramientas de Inkscape, permite exportarlas hacia OpenSCAD.

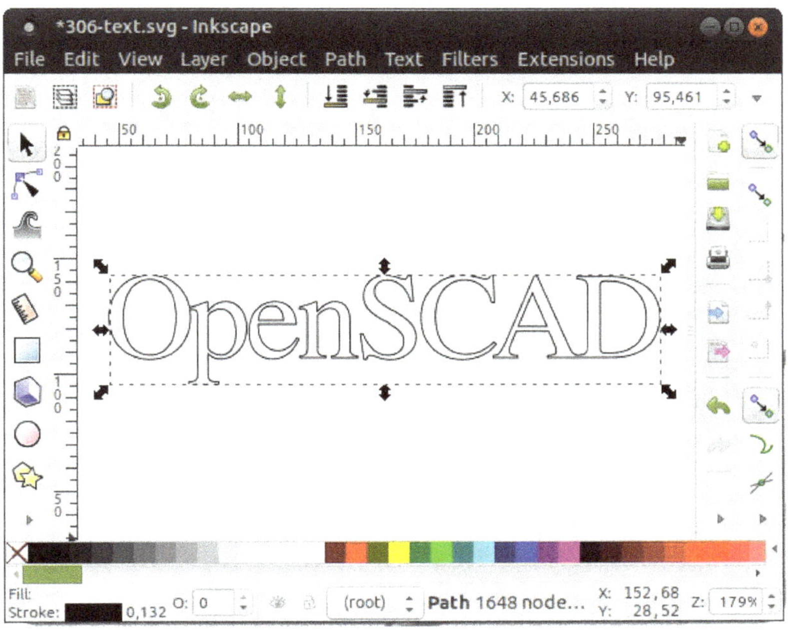

Inkscape permite realizar dibujos en 2D directamente en la pantalla, ya sea en un ordenador o en una tableta gráfica. Hay varios tipos de herramientas disponibles para crear estos dibujos. Si se trata de dibujos técnicos, existen herramientas específicas que permiten dibujar formas aplicando medidas precisas (hasta 0,01 mm), que se conservarán al importarlas en OpenSCAD.

La imagen aqui al lado es un dibujo técnico tal como aparece en el software. Guardado en el formato nativo "*.svg*" de Inkscape, se reproduce perfectamente en OpenSCAD.

Bastan dos líneas de comando para mostrar nuestra pieza creada en OpenSCAD.

```
linear_extrude(height=30,
convexity=10)
{import("piece_inkscape.svg");}
```

Al seleccionar el puntero indicado arriba, podrá activar los nodos de los trazados realizados en Inkscape.

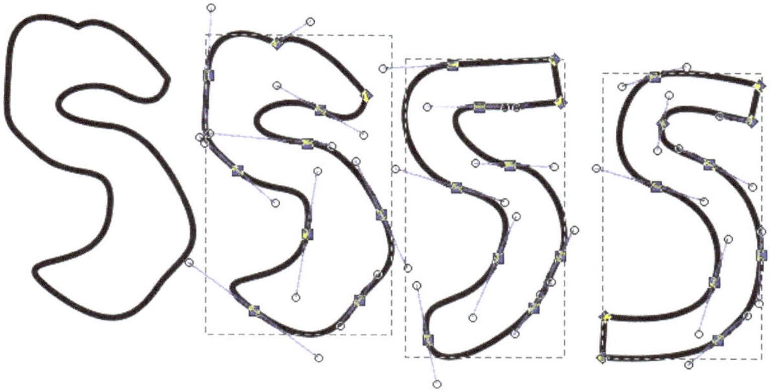

En el menú vertical situado a la derecha de la ventana de Inkscape encontrará todas las herramientas necesarias para dibujar imágenes, ya sean artísticas o geométricas, útiles para los dibujos técnicos.

También encontrará plumas y pinceles para realizar trazos a mano alzada.

Arriba se muestran las etapas de corrección de una imagen, dibujada directamente en la pantalla del ordenador o, si se prefiere, con un lápiz óptico en una tableta gráfica.
La barra de herramientas horizontal de la aplicación contiene todo lo necesario para modificar a voluntad las imágenes seleccionadas con el puntero descrito en la parte superior de esta página.

Aqui debajo, una pieza mecánica dibujada en Inkscape.

El dibujo (a la izquierda) después de la importación y modificación en OpenSCAD.

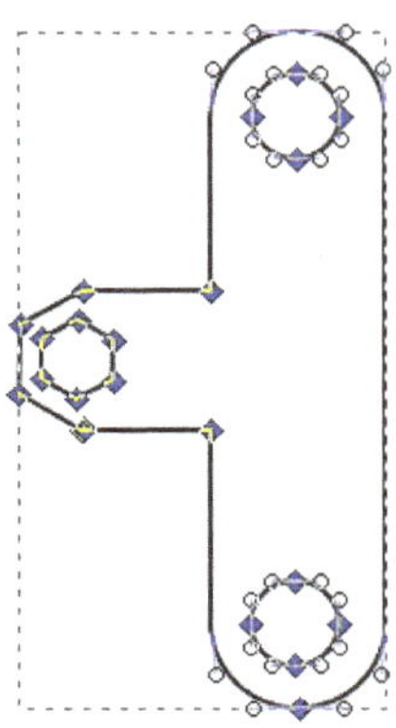

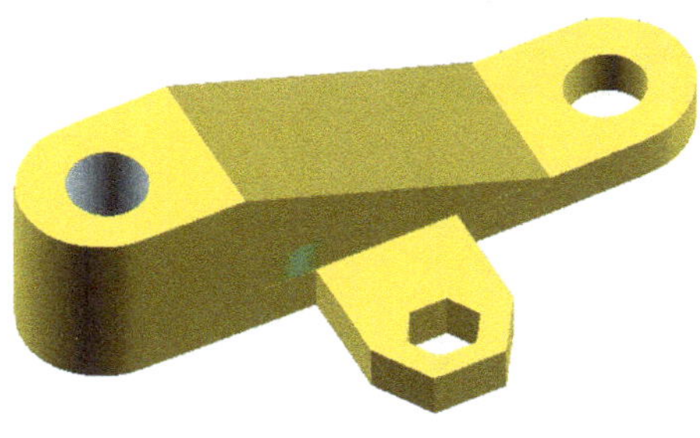

A

B

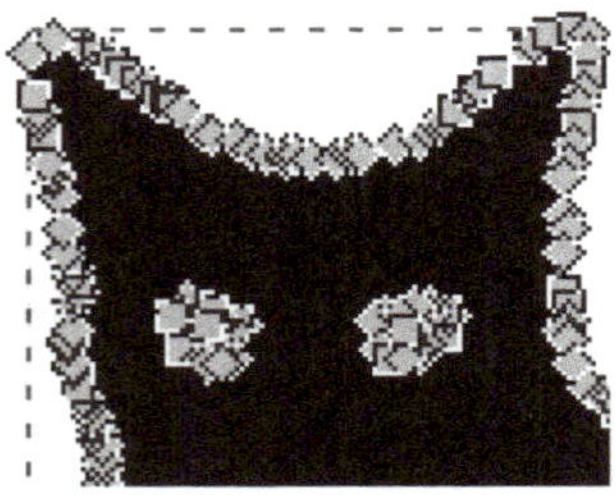

C

D

E

Foto transformada en trazado vectorial
Ahora vamos a importar una foto (**A**) en Inkscape. Tras seleccionar la imagen, vamos al menú "*Camino>Vectorizar bitmap*": obtenemos una imagen vectorizada (**B**), superpuesta a la foto. Es recomendado crear una nueva capa para cortar y pegar en ella la imagen obtenida. Al hacer clic con la herramienta "Nodo" en esta imagen vectorial, veremos aparecer un gran número de nodos (**C**). Seleccionando los nodos las partes no deseadas de la imagen, se podrán eliminarlos. Pues, seleccionamos los nodos restantes y hacemos un clic en el menú "*Camino>Simplificar*". Esto diminuirá considerablemente el número de nodos y los trazos serán más suaves (**D**), luego un ligero retoque en las orejas.
A continuación, importamos la imagen (**E**).

```
$fn=60;
translate([-100,-100,10])
linear_extrude(height=10,
convexity=10)
import("chat.svg");
#cylinder(d=200,h=10);
```

Aqui debabajo, el medallón con mi gato...

Dibujos técnicos con FreeCAD

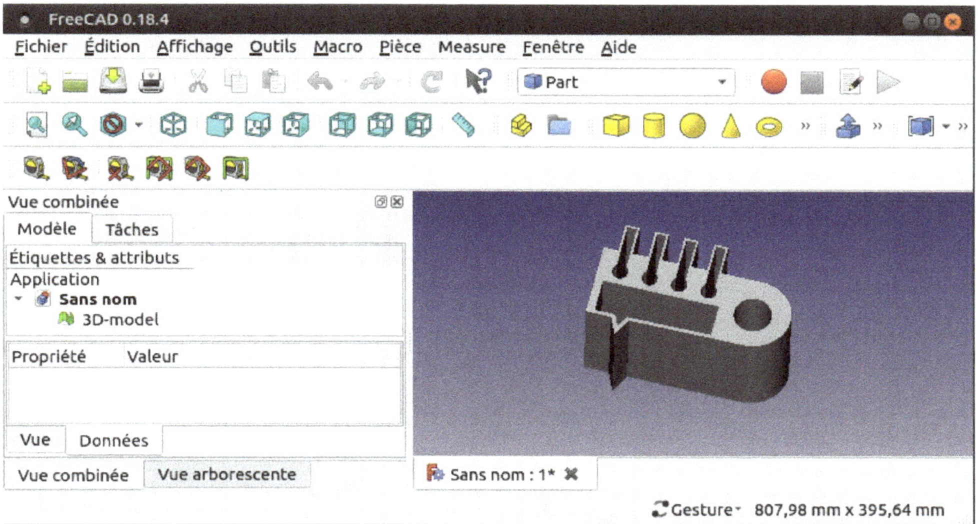

Schémas techniques grâce à FreeCAD

Vamos a utilizar FreeCAD para obtener dibujos técnicos, en particular para las piezas mecánicas que queremos crear.

1. Importamos el archivo "*model-3D.stl*" que acabamos de realizar. Nuestro modelo aparece en la ventana de la derecha "*Labels y attributes*", donde debemos seleccionarlo haciendo clic sobre él.

2. En el menú llamado "*Start*", situado en la barra superior, seleccionamos "*Part*" (Pieza), luego vamos al menú "*Part*", donde debe elegimos "*Create shape from mesh*" y un clic en "OK" en la ventana que aparece..

3. De regreso al menú "*Start*", debemos seleccionar "*Drawing*" (Dibujo). En la ventana "*Labels & attributes*", seleccionamos nuestro archivo "*3D-model*". La malla que aparece en nuestra pieza cambia de color, lo que significa que el objeto está seleccionado.

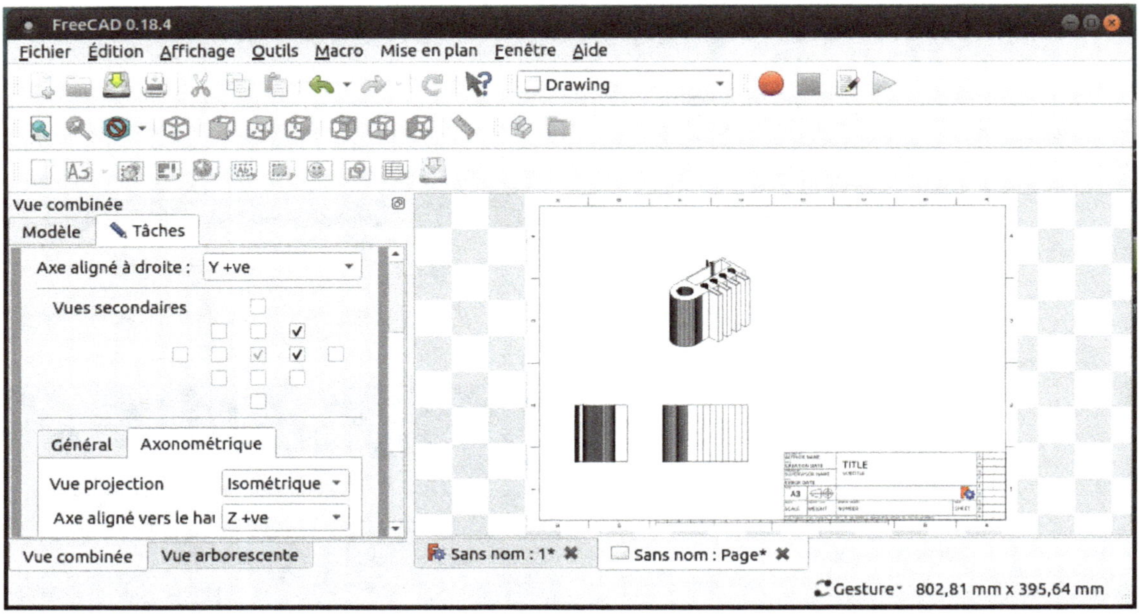

A **B**

4. Nuevos iconos han aparecido en la barra horizontal. Primero debemos hacer clic en el que está marcado como "A3" (icono **A**) y elegir el formato que deseado (A2, A3, etc.).

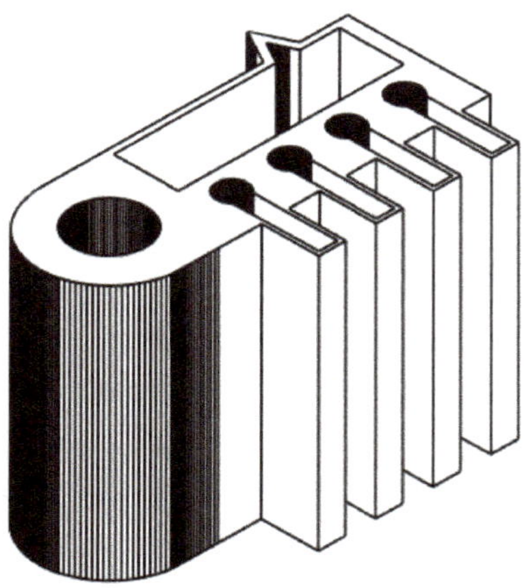

5. Una vez hecho esto, hacemos un clic en el icono (**B**). La ventana de la izquierda cambiará; probalemente que hay que desplazar el cursor hacia abajo y luego hacer clic en una o varias de las pequeñas casillas. Y así se seleccionan las imágenes de nuestro objeto desde varios ángulos. Estas imágenes pueden exportarse en formato "*.pdf*" hacia Inkscape, donde podrán tratarse según sus necesidades, o guardarlas en formato "*.svg*" para importarlas en OpenSCAD.

Cotation avec QCAD

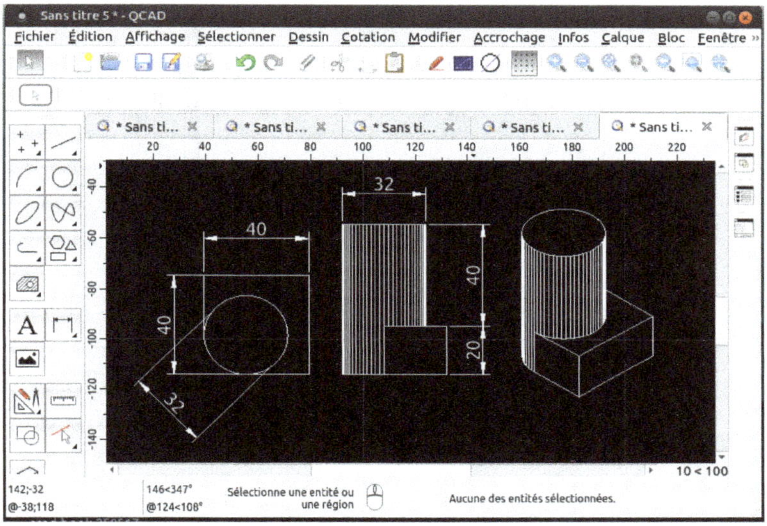

Cotas con QCAD
QCad es un software de diseño asistido por ordenador en dos dimensiones. Funciona tanto en Linux como en macOS y Windows.

Su formato nativo es "*.dxf*" (formato de intercambio), pero también puede importar archivos *.svg* creados con Inkscape. Exporta sus imágenes en los formatos *.png*, *.dxf* y *.pdf*..

QCad puede utilizarse como complemento de FreeCAD, para realizar dibujos técnicos basados en piezas de OpenSCAD, gracias a sus herramientas de acotación adaptadas a planos técnicos.

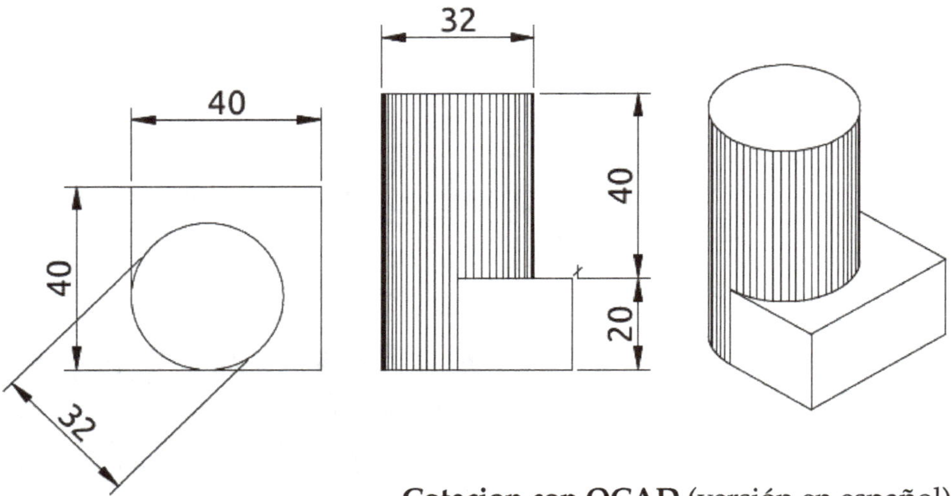

Cotacion con QCAD (versión en español)

Para ello, empiece importando su esquema en QCAD. En la barra de menús, abra el menú desplegable *"Dimension"*, seleccione el tipo de cota deseado y aplíquelo en el dibujo haciendo clic en los dos extremos del segmento que quiere medir.
Para obtener su escala real, aplique una cota a cualquier elemento de su dibujo y anote el valor mostrado (llamamdo Vx). Llamemos Vr al valor real del segmento de su proyecto.

Divida: Vr / Vx = Factor x.

Seleccione la imagen y haga clic en el menú *"Modificar > Escalar"*, luego haga clic en la imagen. En la pequeña ventana que aparece, introduzca el *"Factor x"* (no modifique la opción *"Eliminar el original"*). Aparecerá el valor correcto.

Aquí una reprodución de la pieza creada en OpenSCAD, transformada en dibujo técnico por FreeCAD y acotada en QCad.

Aquí está el GCode

Un paso obligatorio para pasar a la impresión 3D es el cortado (*slicing*): es la transformación del archivo "*.stl*" en un archivo G-code (*.gcod*), que indica a la impresora 3D como depositar el plástico fundido, capa por capa.

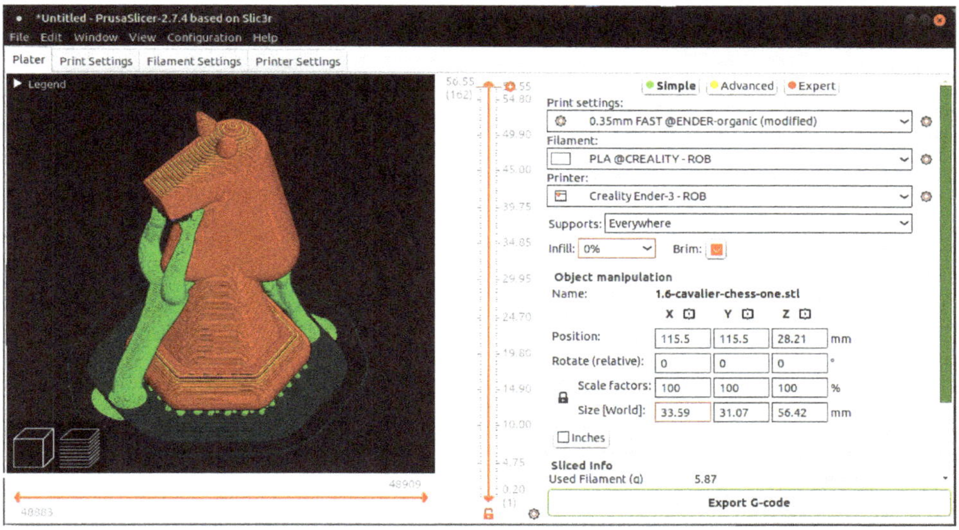

Tenemos tres slicers populares, todos gratuitos (Open Source) y disponibles en MS Windows, macOS y Linux.

Slic3r, el antepasado de los slicers actuales, nació en 2011 en el seno de la comunidad "*RepRap*", para dotar a la tecnología de impresión 3D, entonces en pleno auge, de una cadena de herramientas abierta y flexible.

Cura es uno de los slicers más populares, diseñado por "*UltiMaker*" para los usuarios de sus impresoras 3D.

PrusaSlicer tiene sus raíces en el software Open Source "*Slic3r*".
Ofrece un gran número de funciones y ajustes avanzados para garantizar una impresión 3D óptima.
Es el *slicer* que presentamos aquí.

Parámetros de impresión

Con *PrusaSlicer* se proponen varias opciones desde la primera impresión. Por ejemplo: el tipo y modelo de su impresora, la categoría de filamento utilizado, etc.

En el botón *"Print Settings"* (Parámetros de impresión) podrá realizar ajustes personalizados.

Después de seleccionar las opciones adecuadas para su proyecto, los ajustes básicos estarán listos y podrá lanzar la impresión.

Un aspecto que merece una atención particular son las partes de su pieza que quedan en el vacío. Es posible imprimir piezas que sobresalen en el vacío, siempre que las partes salientes no superen un ángulo de 75° respecto al eje vertical (Z).

La solución a este problema son los llamados soportes. Existen varios tipos, como los soportes rectos o los soportes en forma de árbol (*"organic"*), menos voluminosos y más fáciles de retirar.

Aquí, cuatro tipos básicos de fijación y soporte en la impresión 3D.

Archivo ".*stl*" del modelo

Pieza impresa sin soporte: envía el material fundido que se desprende y crea bucles aleatorios.

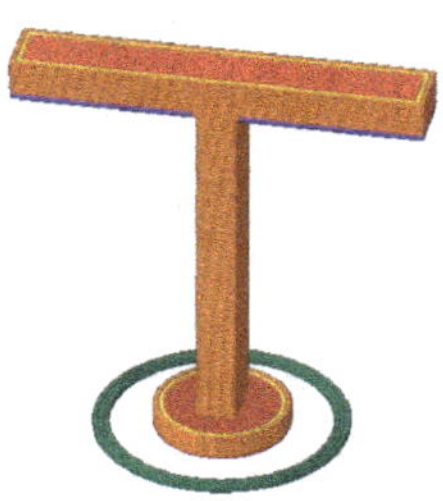

Con "*Skirt*"

"*Skirt*" y "*Brim*"

Suporte "*Organic*"

"Suporte "*linéaire*"

Otros ajustes importantes
Ya hemos visto el uso de los soportes, esenciales para lograr una buena impresión, pero hay otros ajustes importantes que también deben tenerse en cuenta.

Apoyo de la pieza
Antes de considerar el uso de materiales adhesivos sobre la base de su impresora, piense en utilizar la opción"Brim" (*borde*), que permite aumentar la superficie de la primera capa.
Puede definir el tamaño del borde en "*Parámetros de impresión*" y elegir imprimir únicamente el borde exterior, interior o ambos. Este borde se imprimirá alrededor de la primera capa. Un ancho de 5 mm es una buena elección, pero puede aumentarlo si la superficie de apoyo de la pieza es muy reducida.

Densidad de la impression
Aquí partimos del principio de que su boquilla tiene un diámetro de 0,4 mm. Una altura de capa reducida (el valor mínimo recomendado es 0,12 mm) permitirá obtener más detalles, pero aumentará el tiempo de impresión. Para reducir este tiempo, puede aumentar la altura de capa hasta 0,32 mm, es decir, el 80 % del diámetro de la boquilla, que corresponde a la altura máxima permitida.

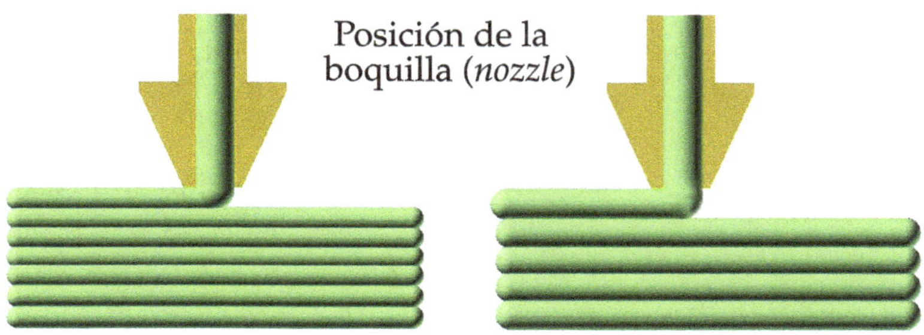

Aquí "*Layer height*" (altura las capa) está configurada a 0,12 mm.

Aquí, en cambio, está a 0,32 mm: se gana velocidad, pero se pierde precisión.

Densidad de relleno

Disponemos de varias opciones respecto a la densidad de relleno del objeto. Esto significa que no es necesario que su interior esté completamente lleno de material. Un relleno del 30 % o 40 % suele ser más que suficiente para garantizar una solidez perfecta de la pieza. El interior del objeto se llena con una rejilla que sostiene y refuerza las paredes. En los "Parámetros de impresión" se proponen varios patrones de relleno. El uso de estas rejillas permite reducir considerablemente la cantidad de material consumido.

A la derecha, nuestro conejo (página 65) en proceso de impresión: su interior utiliza un patrón estándar de "*triangles*" con una densidad del 20 %.

Algunos patrones de relleno en PrusaSlicer :
Triangles, *Hexagones*, *Hilbert curve*, *Line*, y *Concentric*

Octoprint

OctoPrint es una aplicación de control que permite gestionar una impresora 3D a distancia. La interfaz puede ser su ordenador o su smartphone, mediante una conexión Wi-Fi.

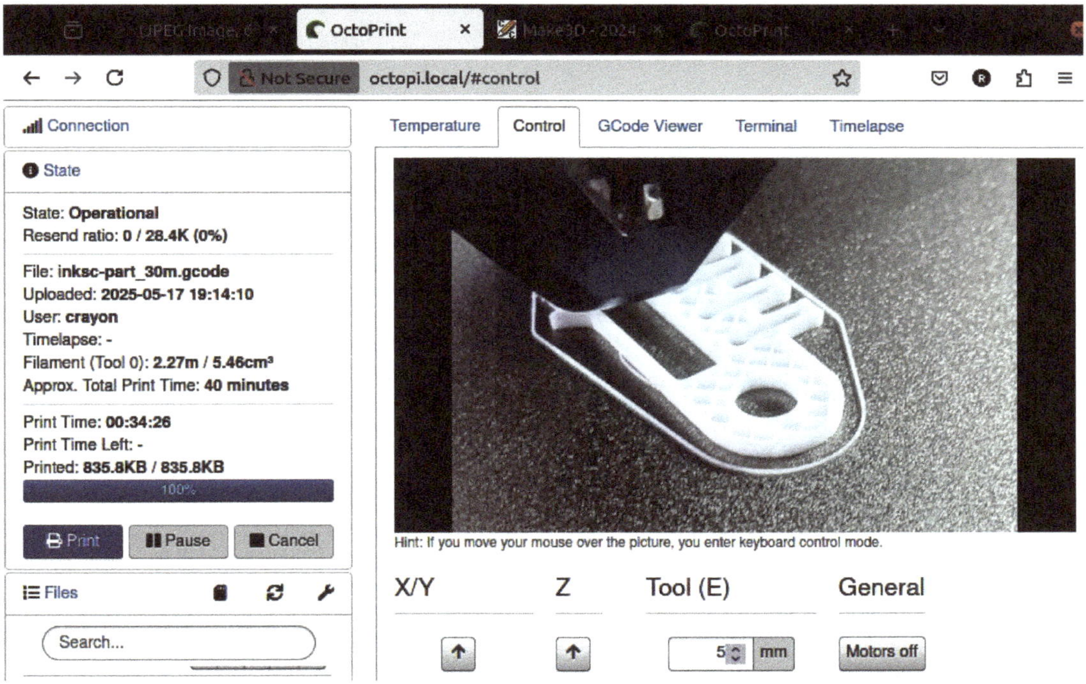

OctoPrint, instalado en un microordenador Raspberry con Linux, es una solución económica y eficaz para iniciar, detener o pausar las impresiones, modificar las temperaturas y los parámetros de impresión durante el proceso, así como supervisar visualmente la impresión a distancia.

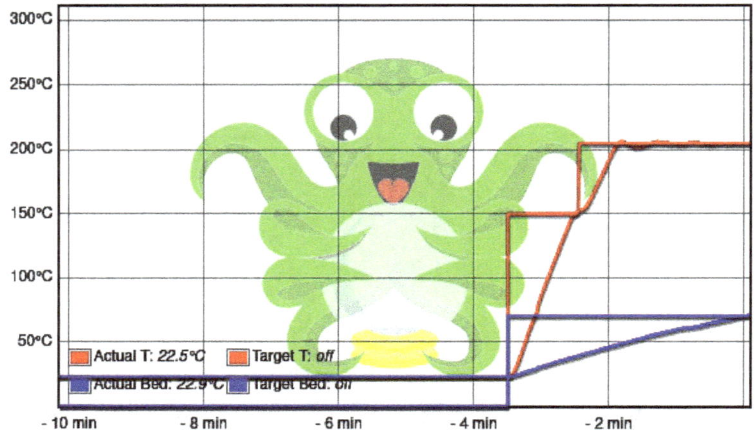

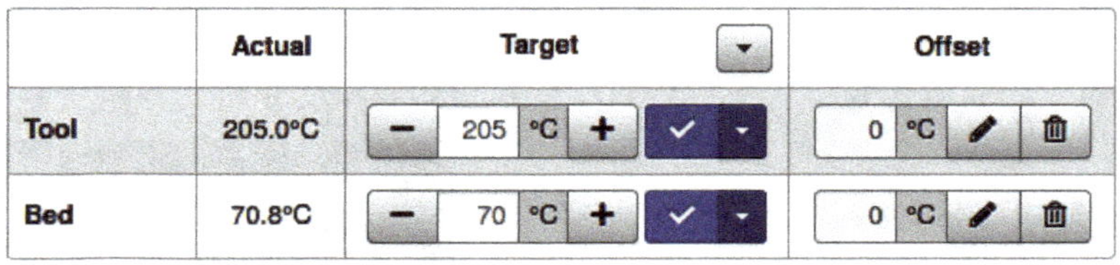

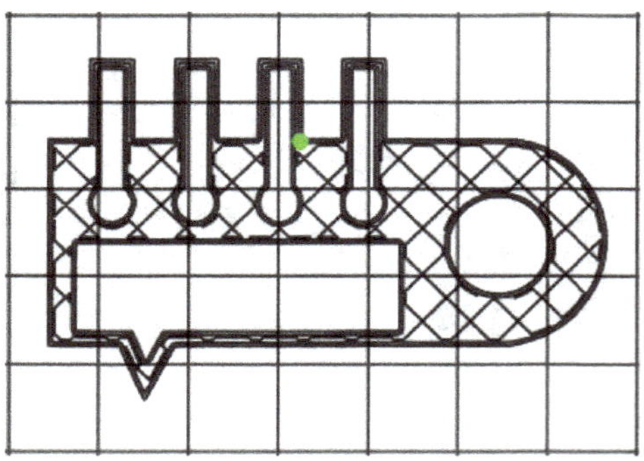

Arriba, el control visual en directo del desplazamiento del cabezal de impresión, capa por capa.

También es posible grabar un vídeo acelerado (llamado "*timelapse*") de todo el proceso de impresión.

Aquí está la página de control de las temperaturas de la base y de la cabeza de impresión.

Equiparse con una Raspberry no representa una inversión excesiva, y la supervisión a distancia es una buena solución que permite controlar el desarrollo de la impresión en cualquier lugar donde su WiFi pueda garantizar la conexión.

A veces se producen errores de impresión: piezas que se despegan o filamentos que se rompen. En estos casos, es importante poder intervenir rápidamente.

Geogebra

GeoGebra es un software libre de matemáticas en 2D y 3D, destinado tanto a estudiantes de todos los niveles como a docentes. Esta herramienta pedagógica versátil permite construir figuras basadas en las reglas fundamentales del álgebra y la geometría, y realizar cálculos de probabilidades y estadísticas. Potente y fácil de usar, GeoGebra también es accesible directamente en línea.

https://www.geogebra.org

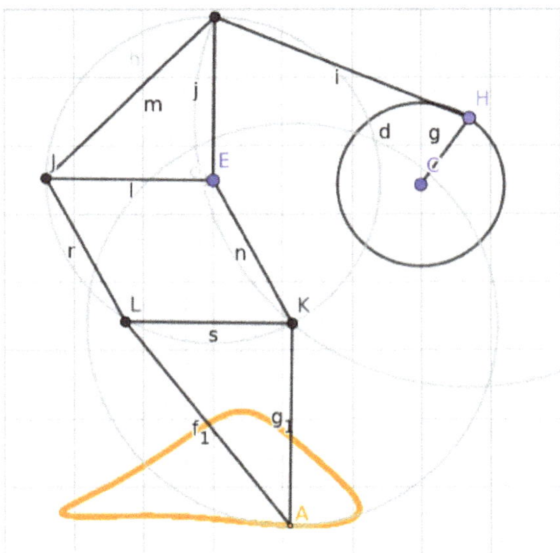

A la derecha, un ejemplo de modelización del famoso sistema de patas articuladas desarrollado por el arquitecto y escultor neerlandés Theo Jansen. Los aficionados a la robótica 3D conocen bien esta forma de patas, frecuentemente utilizada en creaciones documentadas en Internet.

En este tipo de sistemas móviles, la precisión del trazado es esencial para conseguir un proyecto funcional y eficaz.

En el ejemplo de la derecha, puede verse cómo el uso de círculos que engloban los ejes, permite crear modelos que simulan el movimiento, como el presentado aquí.

GeoGebra propone en su sitio guías de aplicación completas, una biblioteca de recursos, tutoriales y una sección de preguntas frecuentes donde puede plantear sus dudas.

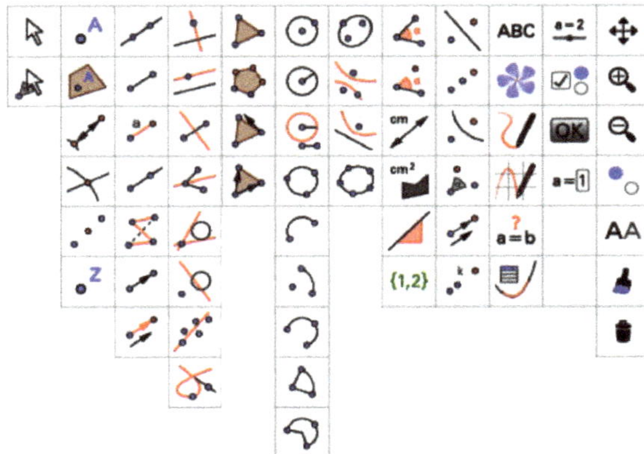

Que sea es principiante o un usuario avanzado, sumérgase de lleno en la acción y aproveche todo el potencial que le ofrece GeoGebra.

A la derecha, el diagrama de las herramientas que permite realizar las simulaciones de movimiento ilustradas aquí.

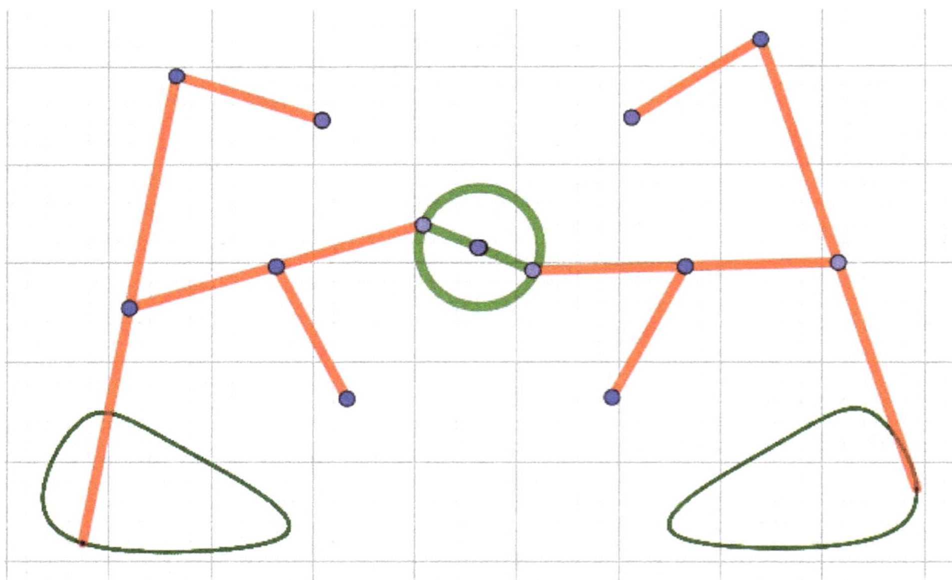

¿Quiere diseñar un robot en 3D y analizar el movimiento de sus miembros? En la página siguiente se presenta un breve ejemplo que muestra cómo obtener un trazado.

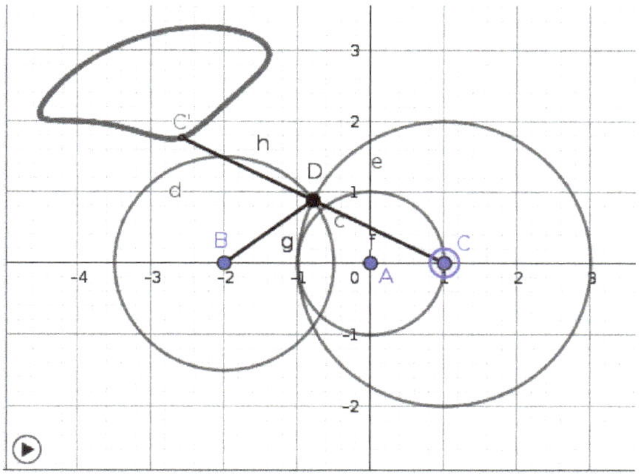

Las cuatro herramientas utilizadas en el proceso descrito aquí se muestran en el diagrama siguiente.

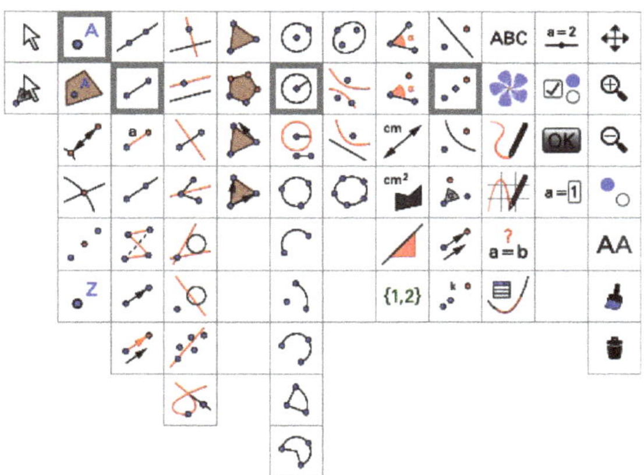

1. Haciendo clic en el centro de las coordenadas con la herramienta "*Círculo (centro-radio)*", creara un círculo "**A**" de radio 1 (que representará la biela).
2. Cree el círculo "**B**" de radio 1,5.
3. Y cree el círculo "**C**" de radio 2 en su posición correspondiente en la trama de coordenadas.
4. Con la herramienta "*Punto*", coloque el punto "**D**" en la intersección de los círculos "**B**" y "**C**".
5. Con la herramienta "*Segmento*", traze una línea entre los puntos "**B**" y "**D**".
6. Con la herramienta "*Simetría central*", haga clic en los puntos "**C**" y "**D**": y aparecerá un punto "**C′** ".
7. Con la herramienta "*Segmento*", traze una línea entre los puntos "**C**" y "**C′** ".
8. Con el botón derecho del ratón, haga clic en el punto "**C′** " y seleccione "*Mostrar traza*" en el menú.
9. Con el botón derecho del ratón, haga clic en el punto "**C**" y seleccione "*Animar*" en el menú.

Y listo, el movimiento con su trazado aparece en pantalla. Para detenerlo o relanzarlo, utilize el pequeño botón situado en la esquina inferior izquierda de su ventana.

Nota: *Haciendo clic con el botón derecho del ratón accede al menú de propiedades del punto "C". Puede elegir su color y, en la pestaña "*Estilo*", definir el tamaño del punto, que determina el espsesor del trazado.*
Con clic derecho tambien puede cambiar los colores y espesores de los demás elementos del esquema.

Anexos

PNG
Un archivo PNG, o *"Portable Network Graphic"*, es un archivo *raster* (o matricial) que admite compresión sin pérdida (*lossless*). Su fondo transparente permite integrarlo en otras imágenes o gráficos sin necesidad de edición adicional.

RepRap
RepRap (contracción de Replication Rapid prototyper) es un proyecto británico de la Universidad de Bath cuyo objetivo es crear una impresora 3D en gran parte autorreplicable y libre (sin patentes y con planos disponibles para todo el mundo) bajo licencia GNU.

Stéréolithography
La estereolitografía, también conocida como fotopolimerización en cubo o impresión 3D con resina, es un proceso de fabricación aditiva en el que una fuente de luz transforma resina líquida en plástico endurecido.

STL
El formato más común de archivos de malla 3D (*mesh*), utilizado habitualmente en la impresión 3D. (STL significa *Stereo-Lithography*).

SVG
SVG (*Scalable Vector Graphics*) es un formato de archivo vectorial optimizado para la web. A diferencia de los archivos pixelados como los *.jpg*, los archivos vectoriales almacenan las imágenes mediante fórmulas matemáticas basadas en puntos y líneas en una cuadrícula.

Vectorial
Los gráficos vectoriales son dibujos definidos por ecuaciones matemáticas, convertidas en puntos unidos por líneas o curvas. Pueden redimensionarse sin pérdida de calidad. Entre los formatos vectoriales más comunes se encuentran *.svg*, *.dxf*, *.eps* y *.xml*.

Índice

OpenSCAD en Internet

Documentación en el Internet
Los creadores de OpenSCAD ofrecen una documentación muy completa en su sitio.
Comienza con instrucciones de instalación sencillas, independientemente del sistema operativo utilizado.
A continuación, se presentan explicaciones muy detalladas.
También existe alguna documentación en español, sin duda gracias a la popularidad que OpenSCAD ha adquirido desde su creación.La simplicidad y la estructura lógica del lenguaje OpenSCAD han contribuido, sin duda, al éxito de este enfoque de la modelización 3D.

Sitios en español

https://es.wikipedia.org/wiki/OpenSCAD
https://shorturl.at/AyRzf
https://shorturl.at/FiUDE
https://www.3dnatives.com/es/openscad-modelador-3d/
https://javiergarciaescobedo.es/impresion-3d/103-openscad

Sitios officiales en inglés

https://openscad.org
https://files.openscad.org/examples/Extrusion/cut_view.html
https://openscad.org/downloads.html
https://openscad.org/documentation.html
https://openscad.org/libraries.html
https://en.wikibooks.org/wiki/OpenSCAD_Tutorial
https://l1nq.com/h0TVN
https://en.wikibooks.org/wiki/
https://en.wikibooks.org/wiki/
https://openscad.org/community.html
https://mastering-openscad.eu/buch/introduction/
https://openscad.org/cheatsheet
https://github.com/openscad

OpenSCAD online	https://cadhub.xyz/dev-ide/openscad https://openscad.cloud/openscad https://ochafik.com/openscad2
Videotutoriales	https://youtu.be/dTVG8LhHLVw https://youtu.be/PyTSRYNpAQ8 https://youtu.be/UNHU4R1uRwI
Otros sofwares	https://inkscape.org https://wiki.freecad.org https://wiki.freecad.org/OpenSCAD_Workbench/fr https://www.qcad.org/fr https://prusaslicer.net https://youtu.be/BxxPEmE2aW4 (Vidéotutoriel Prusaslicer) https://blog.prusa3d.com https://octoprint.org https://youtu.be/6SSzOjcXTq4 (Vidéotutoriel Octoprint) https://www.geogebra.org https://www.geogebra.org/classic?lang=fr (en ligne) https://www.gimp.org https://www.gimp.org/downloads https://www.meshlab.net https://www.blender.org https://blender3d.fr
Descargar creaciones 3D	https://www.thingiverse.com https://cults3d.com https://www.myminifactory.com https://open3dmodel.com https://sketchfab.com/3d-models
Servicios de impresión 3D en línea	De nombreux services d'impression 3D sont disponibles en ligne, où vous pouvez envoyer vos fichiers STL pour les faire imprimer, si vous ne disposiez pas encore d'une imprimante ou si la taille de l'objet dépasse les capacités de votre machine.

La comunidad OpenSCAD

Cómo participar en la comunidad OpenSCAD

Suscríbase a la lista de correo o a los foros, únase al canal IRC y participe en la comunidad de usuarios respondiendo a preguntas y participando en los debates.

Reporte errores, mejore o valide informes de errores a través del registro de incidencias en GitHub.
https://github.com/openscad

La documentación: es una wiki, a la que todo el mundo puede contribuir.

Developers web
Mejorar el sitio web: se trata de un repositorio GitHub abierto a contribuciones.

Programadores
Corrijan errores (los marcados como «Good First Issue» son perfectos para empezar). Redacten o mejoren las pruebas. Implementen nuevas funcionalidades. Reorganicen o limpien el código.

Donaciones
La comunidad OpenSCAD acepta patrocinios y donaciones individuales. Para obtener información sobre patrocinios, póngase en contacto con:
info@openscad.org

Para las donaciones, está disponible una cuenta "*Open Collective*". (Por favor, no utilice BountySource por el momento: dado que su estado es incierto, no se garantiza que las primas se procesen correctamente).

Foro / Lista de Información
Información sobre la lista de correo El acceso a los archivos de la lista de correo está disponible en línea. Para publicar a través de la interfaz web, puede ser necesario crear una nueva identificación en la siguiente dirección:

https://lists.openscad.org/register

No olvide utilizar la misma dirección de correo electrónico que proporcionó al registrarse inicialmente.

Discusión / Discusiones con usuarios / Canal IRC
Acceder a través de la interfaz web de *libera.chat (KiwiIRC)*
Conéctese con un cliente IRC a:
#openscad sur *irc.libera.chat +6697 (TLS)*
Para obtener más información sobre la conexión, visite:
https://libera.chat/guides
Últimas informaciones sobre: *https://openscad.org/community.html*

Otros grupos OpenSCAD
Thingiverse
Subreddit OpenSCAD
Facebook : OpenSCADAcademy

Agradecimientos

Muchas gracias por todo el apoyo que me han brindado en este proyecto, que para mí, un auténtico dinosaurio nacido en 1939, ha sido una verdadera fuente de luz. Este proyecto me ha infundido una energía que situaría entre la curiosidad y la pasión, una especie de vitamina mágica, la mejor poción con la que podría soñar. Muchísimas gracias a mi familia, Naouel, Panterra, Nadine y Anissa, que, de cerca o de lejos, me rodean con su amor, su presencia y sus ánimos, aunque a menudo estemos lejos unos de otros. Gracias también a mis amigos Jean-Pierre Chambert y Marc Benet, del taller 3D de Montbazin. Para la corrección de los textos, he recibido una ayuda formidable de mi querida Anissa «Eagle Eye» y Brigitte Gabriac, que, sin conocerse, han sido mis dos incansables correctoras.
Por último, todo mi agradecimiento a los creadores de OpenSCAD, Claire Wolf y Marius Kintel, así como a todas aquellas personas que, desde 2010, participan en la evolución, la actualización y la documentación de esta valiosa herramienta.

Los creadores de OpenSCAD

Claire Wolf es la autora original de OpenSCAD. Ingeniera y desarrolladora apasionada del código abierto, diseñó este software para permitir un modelado 3D riguroso y accesible mediante código. Actualmente es conocida por sus importantes contribuciones a proyectos de síntesis de hardware como Yosys.

Marius Kintel se hizo cargo del desarrollo de OpenSCAD a partir de 2010. Actualmente es el principal mantenedor del software. Ingeniero de software con amplia experiencia, lleva más de 20 años trabajando en proyectos de código abierto y continúa activamente con la evolución de OpenSCAD junto con la comunidad.

El sobre autor

Roberto Hamm nació en 1939 en La Haya (Países Bajos) y creció entre Viena y Buenos Aires. Formado en la célebre Hochschule für Gestaltung de Ulm (Alemania), se dedica al diseño gráfico, la tipografía y la fotografía. Sin embargo, su curioso espíritu le lleva a dejarse guiar por su deseo de comprender y aprender.
Por ejemplo, apasionado por los sistemas de escritura, en 1975 publicó "*Pour une typographie arabe*" (Por una tipografía árabe) en 1975 en la editorial Sindbad, París, y diseñó una familia de fuentes arabes para la industria argelina.
Profesor de comunicación visual en la Escuela de Bellas Artes de Argel, combina el rigor y el sentido artístico a lo largo de toda su carrera. Instalado en Francia desde 1980, funda Crayon & Cie, su taller de comunicación visual.
Pionero en el uso de la informática, a mediados de los años 80 programó un procesador de textos en lenguaje máquina.
Tras jubilarse, descubrió la impresión 3D y se convirtió en un apasionado de OpenSCAD. Este manual es la prolongación de una trayectoria creativa alimentada por la curiosidad, la transmisión y la libertad.

Si desea hacer alguna pregunta al autor, puede enviar un correo electrónico a:
https://robotix.ah-oui.org/site/cntct.php
Si le ha gustado este libro y le ha ayudado a utilizar OpenSCAD, por favor, deje un comentario en Amazon, muchas gracias !

www.ingramcontent.com/pod-product-compliance
Lightning Source LLC
LaVergne TN
LVHW082349200926
848481LV00012B/3512
9791098291715